JN088935

Lernen wir Deutsch mit Freude und Fleiß!

Masayoshi Hashimoto

SANSHUSHA

はじめに

「教えやすく、学びやすい」をモットーに、学生のみなさんが「新鮮な興味と問題意識を持って楽しくドイツ語が学べる」ようなテキストを目指しました。

このテキストの特徴

変化の多いドイツ文法が、3段階の練習によりしっかりと身につくように工夫しました。

1) 個々の変化表の説明の直後で、「習うより慣れよ」の精神で変化を練習できるようにしました。
2) 実際的なドイツ語の力を身につけるため、親しみやすい文の中で変化形を理解できるようにしました。
3) 各課ごとに〈総合演習〉という練習問題で、文法項目を総合的に演習できるようにしました。文法・作文・会話 (ディクテーション含む) の3つのコースによって、多角的に生きたドイツ語が身につきます。

「名人も練習しだい」という諺があります。学生のみなさんは、 の問題で基礎をしっかりと学び、〈総合演習〉で実践的なドイツ語を身につけていってください。

著者

Inhaltsverzeichnis
もくじ

文字と発音

001
CD1 ▶ 01

1 アルファベット

英語の 26 文字に加えて、ドイツ語特有の文字である Ä, ä（アー・ウムラウト）、Ö, ö（オー・ウムラ
ウト）、Ü, ü（ウー・ウムラウト）と ß（エスツェット）がある。

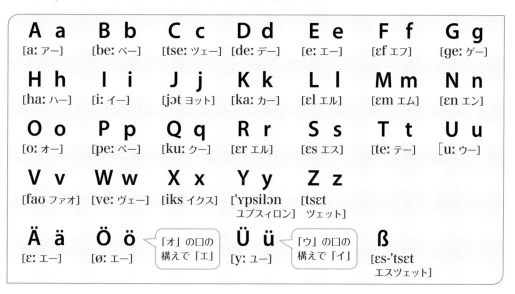

A a	B b	C c	D d	E e	F f	G g
[a: アー]	[be: ベー]	[tse: ツェー]	[de: デー]	[e: エー]	[ɛf エフ]	[ge: ゲー]
H h	I i	J j	K k	L l	M m	N n
[ha: ハー]	[i: イー]	[jɔt ヨット]	[ka: カー]	[ɛl エル]	[ɛm エム]	[ɛn エン]
O o	P p	Q q	R r	S s	T t	U u
[o: オー]	[pe: ペー]	[ku: クー]	[ɛr エル]	[ɛs エス]	[te: テー]	[u: ウー]
V v	W w	X x	Y y	Z z		
[fau ファオ]	[ve: ヴェー]	[iks イクス]	['ʏpsilɔn ユプスィロン]	[tsɛt ツェット]		

Ä ä [ɛ: エー]　Ö ö [ø: エー] 「オ」の口の構えで「エ」　Ü ü [y: ユー] 「ウ」の口の構えで「イ」　ß [ɛs-'tsɛt エスツェット]

002
CD1 ▶ 02

2 発音の原則

① 基本はローマ字式

Onkel [オンケル] おじ　　　danken [ダンケン] 感謝する

➡ 名詞は大文字で始まる。

② アクセントは第1音節にある

Tante [タンテ] おば　　　finden [フィンデン] 見つける

③ アクセントのある母音は子音1個の前では長く、2個以上の前では短くなる

Name [ナーメ] 名前　　　denken [デンケン] 考える

003
CD1 ▶ 03

3 ドイツ語特有の読み方をする母音と子音

❶ 母音

ä [ɛ/ɛ: エ / エー]　　Kälte [ケルテ] 寒さ　　　Bär [ベーア] クマ

ö [œ/ø: エ / エー]　　Köln [ケルン] ケルン（地名）　Öl [エール] 油

ü [ʏ/y: ユ / ユー]　　Hütte [ヒュッテ] 小屋　　　Tür [テューア] ドア

au [aʊ アオ]	Frau [フラオ] 女性	Haus [ハオス] 家
ei [aɪ アイ]	Arbeit [アルバイト] 仕事	klein [クライン] 小さい
ie [iː イー]	Brief [ブリーフ] 手紙	lieben [リーベン] 愛する
eu / äu [ɔY オイ]	Freude [フロイデ] 喜び	Bäume [ボイメ] 木 (複数)

004 🎵 ❷ 子音
CD1 ▶ 04

語末の b [p ブ]、d [t ト]、g [k ク]

    gelb [ゲルプ] 黄色の   Kind [キント] 子ども   Tag [ターク] 日

ch ① a, o, u, au の後では [x ハ]   ➡ アハハ、オホホ、ウフフと笑う要領で！

    Nacht [ナハト] 夜   Tochter [トホター] 娘

    Buch [ブーフ] 本   auch [アオホ] 〜もまた

  ②上記以外では [ç ヒ]

    ich [イヒ] 私   Milch [ミルヒ] ミルク

chs と x は [ks クス]

    wachsen [ヴァクセン] 成長する   Taxi [タクスィ] タクシー

母音＋h は長母音

    fahren [ファーレン] (乗り物で) 行く   Bahn [バーン] 鉄道

j [j ユ]   ja [ヤー] はい   Japan [ヤーパン] 日本

ig [iç イヒ]   König [ケーニヒ] 王   richtig [リヒティヒ] 正しい

ng [ŋ ング]   Junge [ユンゲ] 少年   lang [ラング] 長い

r [r ル]   lernen [レルネン] 学ぶ   rot [ロート] 赤い

  ➡ 語尾の -er は軽く [ア] と発音。

    Vater [ファータァ] 父   Lehrer [レーラァ] 先生

  また、er [エァ] 彼 der [デァ] その (定冠詞) などの er は、r のみが母音化する。

s ＋母音は [z ズ]   Sonne [ゾンネ] 太陽   sagen [ザーゲン] 言う

sch [ʃ シュ]   Englisch [エングリッシュ] 英語   Schule [シューレ] 学校

tsch [tʃ チュ]   Deutsch [ドイチュ] ドイツ語   tschüs [チュース] バイバイ

語頭の sp [ʃp シュプ]

    sprechen [シュプレッヒェン] 話す   Sport [シュポルト] スポーツ

語頭の st [ʃt シュト]

    Student [シュトゥデント] 大学生   Stern [シュテルン] 星

  ➡ 外来語ではアクセントが後ろの母音に来ることが多い。

ss と ß は [s ス]	küssen [キュッセン] キスする	Fuß [フース] 足
v [f フ]	Vater [ファーター] 父	viel [フィール] 多い
w [v ヴ]	Wein [ヴァイン] ワイン	wohnen [ヴォーネン] 住む
z [ts ッ]	Zug [ツーク] 列車	tanzen [タンツェン] 踊る

④ あいさつ

Guten Morgen, Herr Müller!
グーテン モルゲン　ヘア　ミュラー

おはようございます、ミュラーさん。(男性の場合)

Guten Tag, Frau Schneider!
グーテン ターク フラオ シュナイダー

こんにちは、シュナイダーさん。(女性の場合)

Guten Abend, Peter!
グーテン アーベント ペーター

こんばんは、ペーター。

Hallo, Julia!
ハロー　ユーリア

やぁ、ユリア。

Gute Nacht!
グーテ ナハト

おやすみなさい。

Danke schön!
ダンケ　シェーン

どうもありがとう。

Bitte schön!
ビッテ シェーン

どういたしまして。

Tschüs!
チュース

バイバイ。

Auf Wiedersehen!
アオフ　ヴィーダーゼーエン

さようなら。

Bis morgen!
ビス　モルゲン

また明日。

Bis später!
ビス　シュペーター

また後で。

動詞の現在人称変化

1 人称代名詞

		単数			複数		
1人称		ich	私は	*I*	wir	私たちは	*we*
2人称	親称	du	君は	*you*	ihr	君たちは	*you*
	敬称	Sie	あなたは	*you*	Sie	あなたたちは	*you*
3人称		er	彼は	*he*			
		sie	彼女は	*she*	sie	彼らは	*they*
		es	それは	*it*			

　2人称の親称（du と ihr）は親しい間柄（家族、友人など）で用い、それ以外には敬称（Sie）を用いる。

2 動詞の原形＝不定詞

不定詞は語幹と語尾からできている。　　　➡ 語尾はほとんど -en である。

不定詞			語幹		語尾
lernen	学ぶ	=	lern	+	en
wohnen	住む	=	wohn	+	en

3 基本的な人称変化

ドイツ語の動詞は主語に応じて変化する。これを人称変化と呼び、語幹に決まった語尾をつけて作る。人称変化した形を定動詞という。

人称変化語尾

ich	-e	wir	-en
du	-st	ihr	-t
Sie	-en	Sie	-en
er			
sie	-t	sie	-en
es			

lernen (学ぶ) の現在人称変化

ich	lerne	wir	lernen
du	lernst	ihr	lernt
Sie	lernen	Sie	lernen
er			
sie	lernt	sie	lernen
es			

Ich lerne Deutsch und er lernt Englisch.　　▶ und = *and*

私はドイツ語を学び、彼は英語を学んでいる。

008 ♪ CD1▶08 **Ü1**

singen 歌う

ich _____	wir _____
du _____	ihr _____
Sie _____	Sie _____
er _____	sie _____

spielen （球技などを）する

ich _____	wir _____
du _____	ihr _____
Sie _____	Sie _____
er _____	sie _____

➡ 3人称単数は er で代表する。

009 ♪ CD1▶09 **Ü2**

1) Du _____ gut, aber er _____ schlecht.

君は歌がうまいが、彼はへただ。

singen / singen

▶ aber = *but*

2) Ich _____ Fußball und Sie _____ Tennis.

私はサッカーをし、そしてあなたはテニスをする。

spielen / spielen

④ 例外的な語尾変化

010 ♪ CD1▶10 ❶ 語幹が -d や -t などで終わる動詞は、発音しやすいように du と er、そして ihr の3箇所で語尾の前に e を入れる。

finden 見つける、思う

ich	finde	wir	finden
du	findest	ihr	findet
Sie	finden	Sie	finden
er	findet	sie	finden

arbeiten 働く

ich	arbeite	wir	arbeiten
du	arbeitest	ihr	arbeitet
Sie	arbeiten	Sie	arbeiten
er	arbeitet	sie	arbeiten

Wie **findest** du Kyoto?

君は京都をどう思いますか（京都の印象はどうですか）？

Er **arbeitet** fleißig.

彼は熱心に働く。

—Ich **finde** Kyoto schön.

京都はきれいだと思います。　　▶ wie = *how*

011 ♪ CD1▶11 **Ü3**

reden 話す

ich _____	wir _____
du _____	ihr _____
Sie _____	Sie _____
er _____	sie _____

warten 待つ

ich _____	wir _____
du _____	ihr _____
Sie _____	Sie _____
er _____	sie _____

✏️ **Ü4**

1) Du _____ leise.　君は小声で話す。　reden

2) Sie _____ lange.　彼女は長い間待っている。　warten

❷ 語幹が **-s, -ß** や **-tz, -z** などで終わる動詞は、**du** の語尾が **-t** だけになる。

reisen 旅をする

ich	reise	wir	reisen
du	reist	ihr	reist
Sie	reisen	Sie	reisen
er	reist	sie	reisen

heißen 〜という名前である

ich	heiße	wir	heißen
du	heißt	ihr	heißt
Sie	heißen	Sie	heißen
er	heißt	sie	heißen

Du **reist** gern.　君は旅行が好きだ。

Sie **heißt** Heidi.　彼女はハイジといいます。

▶ gern 〜するのが好き

✏️ **Ü5**

sitzen 座っている

ich	_____	wir	_____
du	_____	ihr	_____
Sie	_____	Sie	_____
er	_____	sie	_____

tanzen 踊る

ich	_____	wir	_____
du	_____	ihr	_____
Sie	_____	Sie	_____
er	_____	sie	_____

✏️ **Ü6**

1) Du _____ still.　sitzen

君はじっと座っている。

2) Du _____ gern, aber sie _____ nicht gern.　tanzen / tanzen

君は踊るのが好きだが、彼女は踊るのは好きではない。

❺ **定動詞の位置**

❶ 平叙文：定動詞は２番目に位置する。文頭には主語だけでなくさまざまな語を置くことができる。

| Ich | lerne | heute Englisch. | 私は今日英語を学ぶ。 | ▶ heute 今日 |

Heute 　lerne 　ich Englisch.　今日私は英語を学ぶ。

Englisch 　lerne 　ich heute.　英語を私は今日学ぶ。

017 CD1 ▶ 17
❷ 疑問詞のある疑問文：定動詞は２番目に位置する。

Was **lernen** Sie heute? あなたは今日何を学びますか。 ▶ was = *what*

Wo **wohnst** du? 君はどこに住んでいるのですか。 ▶ wo = *where*

018 CD1 ▶ 18
❸ 疑問詞のない疑問文：定動詞は文頭に位置する。

Lernen Sie heute Englisch? あなたは今日英語を学びますか。

—Ja, ich lerne heute Englisch. はい、私は今日英語を学びます。

Wohnst du in Yokohama? 君は横浜に住んでいるのですか。

—Nein, ich wohne in Chiba. いいえ、私は千葉に住んでいます。

019 CD1 ▶ 19
❻ 英語の *be* と *have*

sein ～である

ich	**bin**	wir	**sind**
du	**bist**	ihr	**seid** [ザイト]
Sie	**sind**	Sie	**sind**
er	**ist**	sie	**sind**

haben 持つ

ich	**habe**	wir	**haben**
du	**hast**	ihr	**habt** [ハープト]
Sie	**haben**	Sie	**haben**
er	**hat**	sie	**haben**

Du **bist** freundlich. 君は親切だ。

Er **ist** Arzt. 彼は医者だ。

Ich **habe** Hunger. 私は空腹だ。

Wir **haben** heute Deutsch. 私たちは今日ドイツ語の授業がある。

020 CD1 ▶ 20
🖉 *Ü7*

1) Was _____ Sie? —Ich _____ Student. sein / sein

あなたの職業は何ですか。 私は大学生です。 ▶ Student 大学生（男子）

2) _____ er krank? —Nein, er _____ nicht krank. sein / sein

彼は病気ですか。 いいえ、彼は病気ではありません。

3) _____ du heute Zeit? —Ja, ich _____ heute Zeit. haben / haben

君は今日時間がありますか。 はい、私は今日時間があります。 ▶ Zeit 時間

021 **I** 📖 次の文の下線部に与えられた動詞を適当な形にして書き入れなさい。
CD1▶21

1) Er ＿＿＿＿＿＿＿ heute. 　　　　　kommen

2) Sie (単数) ＿＿＿＿＿＿＿ in München. 　　wohnen

3) Du ＿＿＿＿＿＿＿ nicht fleißig. 　　　arbeiten

4) ＿＿＿＿＿＿＿ er viel Geld? 　　　　haben

5) ＿＿＿＿＿＿＿ sie (単数) gern Kaffee? 　trinken

022 **II** ✒ 次の文の下線部に日本語の意味になるようにドイツ語を書き入れなさい。
CD1▶22

1) 君たちは何を学んでいますか。　　　私たちは日本語を学んでいます。　　▶日本語 Japanisch

Was ＿＿＿＿＿ ＿＿＿＿＿? － ＿＿＿＿＿ ＿＿＿＿＿ ＿＿＿＿＿.

2) 君は踊るのが好きですか。　　いいえ、私は踊るのが好きではありません。　　▶踊る tanzen

＿＿＿＿ du ＿＿＿＿? － ＿＿＿＿, ＿＿＿＿ ＿＿＿＿ ＿＿＿＿.

3) 彼は何をするのが好きですか。　　彼は野球をするのが好きです。

▶する machen / 野球をする Baseball spielen

＿＿＿＿ ＿＿＿＿ er ＿＿＿＿? － ＿＿＿＿ ＿＿＿＿ ＿＿＿＿.

023 **III** 👂 音声を聞いて下線部に適当な動詞を書き入れ、会話文を完成させなさい。
CD1▶23

A: Wie ＿＿＿＿＿＿ Sie?

B: Ich ＿＿＿＿＿＿ Tanaka.

A: Was ＿＿＿＿＿＿ Sie?

B: Ich ＿＿＿＿＿＿ Lehrer.

A: Wo ＿＿＿＿＿＿ Sie?

B: Ich ＿＿＿＿＿＿ in Osaka.

Lektion
2

名詞と冠詞・疑問代名詞

024
CD1▶24

❶ 名詞の性と冠詞

名詞には男性、女性、中性という文法上の性があり、性別に応じてきまった冠詞をつける。
名詞は頭文字を大文字書きにする。

	男性	女性	中性
定冠詞	der Vater 父	die Mutter 母	das Kind 子ども
不定冠詞	ein	eine	ein

辞書　　　男 *r. m.*　　　女 *e. f.*　　　中 *s. n.*

025
CD1▶25

❷ 名詞の格

名詞には文中で果たす役割に応じて、1格（主格）・2格（所有格）・3格（間接目的格）・4格（直接目的格）の4つの格があり、それぞれ日本語の「〜が／は」、「〜の」、「〜に」、「〜を」に相当する。格は冠詞の変化によって、次のように示される。

1格　**Der Vater** singt gern.　　　　父は歌うのが好きだ。

2格　Das Auto **des Vaters** ist neu.　　父の車は新しい。　　➡ 2格は修飾する名詞の後に置く。

3格　Ich danke **dem Vater**.　　　　私は父に感謝する。

4格　Ich liebe **den Vater**.　　　　私は父を愛している。

026
CD1▶26

❸ 定冠詞と名詞の格変化

さまざまな格変化の基本となる最も重要な変化である。
定冠詞は「あの〜、その〜」という意味で、既知のものや特定のものを表すときに使う。
男性名詞と中性名詞の2格には **-es** か **-s** の語尾がつく。　　➡ 1音節の名詞ではふつう -es

	男性	女性	中性
1格（〜が）	**der** Vater	**die** Mutter	**das** Kind
2格（〜の）	**des** Vaters	**der** Mutter	**des** Kind[e]s
3格（〜に）	**dem** Vater	**der** Mutter	**dem** Kind
4格（〜を）	**den** Vater	**die** Mutter	**das** Kind

辞書　　　Vater 男 単²-s　　　Mutter 女 単²—　　　Kind 中 単²-[e]s

Ü1

	Ring 指輪		Uhr 時計		Buch 本
1格	_____ _____		_____ _____		_____ _____
2格	_____ _____		_____ _____		_____ _____
3格	_____ _____		_____ _____		_____ _____
4格	_____ _____		_____ _____		_____ _____

Ü2　空欄に定冠詞を入れなさい。

1) (　　　　) Ring ist schön.

2) Der Vater (　　　　) Kindes heißt Peter.

3) Der Vater kauft (　　　　) Mutter die Uhr.

4) Die Mutter kauft dem Kind (　　　　) Buch.

❹ 不定冠詞と名詞の格変化

不定冠詞は「ひとつの〜、ある〜」という意味で、初めてでてきた名詞につける。

不定冠詞は男性1格と中性の1格と4格で ein となり語尾がつかない。その他は定冠詞と同じような語尾がつく。

	男性		女性		中性	
1格（〜が）	**ein**	Vater	**eine**	Mutter	**ein**	Kind
2格（〜の）	**eines**	Vaters	**einer**	Mutter	**eines**	Kind[e]s
3格（〜に）	**einem**	Vater	**einer**	Mutter	**einem**	Kind
4格（〜を）	**einen**	Vater	**eine**	Mutter	**ein**	Kind

Ü3

	Hund 犬		Katze 猫		Pferd 馬
1格	_____ _____		_____ _____		_____ _____
2格	_____ _____		_____ _____		_____ _____
3格	_____ _____		_____ _____		_____ _____
4格	_____ _____		_____ _____		_____ _____

031
CD1▶31

Ü4 空欄に不定冠詞を入れなさい。

1) Das ist (　　　　) Hund.

2) Das ist das Foto (　　　) Katze.

3) Ich danke (　　　) Kind.

4) Wir haben (　　　　) Kind.

❺ 名詞の複数形

名詞の複数形は次の5つのタイプに分けられる。英語の *man → men, child → children* 型が多く、
-s をつけるタイプは英語から入った新しい外来語に多い。

032
CD1▶32

❶ 複数形のタイプ

		単数	複数
無語尾型	(⸚)	der Onkel　おじ	die Onkel
		die Tochter　娘	die Töchter
E 型	⸚e	das Pferd　馬	die Pferde
		der Sohn　息子	die Söhne
ER 型	⸚er	das Kind　子ども	die Kinder
		das Buch　本	die Bücher
[E]N 型	—[e]n	das Auge　目	die Augen
		die Frau　女	die Frauen
S 型	—s	das Auto　車	die Autos

➡ ER 型では変音可能な
母音（a, o, u, au）
は必ず変音する。

辞書 Buch 中複 Bücher/⸚er

033
CD1▶33

❷ 格変化

複数形では性別に関係なく共通の冠詞をつける。3格では名詞に格語尾 -n をつける。

単数		der	Sohn	die	Frau	das	Auto
複数	1格	**die**	Söhne	**die**	Frauen	**die**	Autos
	2格	**der**	Söhne	**der**	Frauen	**der**	Autos
	3格	**den**	Söhnen	**den**	Frauen	**den**	Autos
	4格	**die**	Söhne	**die**	Frauen	**die**	Autos

➡ 3格の格語尾 -n は、[E]N 型と S 型ではつけない。

Ü5

	der Arzt, ⸚e 医者	die Blume, -n 花	das Hotel, -s ホテル
複数　1格	_____	_____	_____
2格	_____	_____	_____
3格	_____	_____	_____
4格	_____	_____	_____

Ü6

1) Die _____ schenken der Mutter _____.

その子どもたちは母親に花をプレゼントする。 　　　　　　　　　　　　➡不特定多数は無冠詞になる

2) Wir danken _____ _____.

私たちはその医者たちにお礼を言う。

❸ 男性弱変化名詞

男性名詞には、単数 1 格を除きすべてに語尾 -[e]n を付けるものがある。これらの名詞を男性弱変化名詞という。

Student 男 単 -en/複 -en 学生

	単数		複数	
1格	der	Student	die	Studenten
2格	des	Studenten	der	Studenten
3格	dem	Studenten	den	Studenten
4格	den	Studenten	die	Studenten

Ü7

	Mensch 男 -en/-en 人間			Junge 男 -n/-n 少年		
1格	_____	_____		_____	_____	_____
2格	_____	_____		_____	_____	_____
3格	_____	_____		_____	_____	_____
4格	_____	_____		_____	_____	_____

038
CD1▶38

 **Ü8**

1) Der Student schenkt _____ _____ ein Buch.

その学生はその少年に一冊の本をプレゼントする。

2) Der Junge dankt _____ _____.

その少年はその学生に感謝する。

039
CD1▶39

❻ 疑問代名詞 wer と was

疑問代名詞には、人に用いる wer と事物に用いる was がある。

	人		事物	
1格	wer	誰が	was	何が
2格	wessen	誰の	—	
3格	wem	誰に	—	
4格	wen	誰を	was	何を

Wer ist das? あれは誰ですか。

Wessen Auto ist das? これは誰の車ですか。

Wem gehört das Fahrrad? この自転車は誰のですか。　▶ gehören （3格）のものである

Wen liebt sie? 彼女は誰を愛していますか。

Was ist das? これは何ですか。

Was kaufst du? 君は何を買いますか。

040
CD1▶40

 **Ü9**

1) _____ schreibt sie? —Sie schreibt eine E-Mail. ▶ schreiben　書く

2) _____ schreibt sie? —Sie schreibt dem Freund.

3) _____ ist das? —Das ist ein Handy.

4) _____ sind Sie? —Ich bin Studentin.

➡職業、身分、国籍を紹介するときは冠詞をつけない。

➡男性名詞に -in をつけると女性名詞ができる。

041
CD1 ▶ 41

I 📖 下線部には定冠詞を、また（　　）には不定冠詞を書き入れなさい。

1) Ich kaufe _____ Vater (　　　　　　) Uhr.

2) Die Eltern schenken _____ Sohn (　　　　) iPhone.
▶ Eltern 複 両親 / iPhone 中 アイフォーン

3) Der Garten _____ Hauses ist sehr schön.

4) Der Professor fragt _____ Studenten (単数) .

5) Gehört _____ Auto _____ Lehrerin?

042
CD1 ▶ 42

II 🖋 日本語の意味になるように、下線部にドイツ語を書き入れなさい。

1) 彼には一人の弟と一人の妹がいます。　　　　　　▶弟 Bruder 男 / 妹 Schwester 女 / 複 -n

Er _____ _____ und _____ _____.

2) 彼女はその子どもたちの両親を知っています (kennen)。　　　　　▶知っている kennen

Sie _____ _____ _____ _____ Kinder.

3) その少年はその大学生を訪ねます。　　　　　　▶訪ねる besuchen

_____ _____ besucht _____ _____.

043
CD1 ▶ 43

III 👓 音声を聞いて下線部と（　　）に適当な冠詞を書き入れ、会話文を完成させなさい。

Peter: Hast du etwas Zeit?

Heidi: Ja, aber warum?

Peter: Heidi, heute ist _____ Geburtstag _____ Mutter.

Heidi: O natürlich. Was schenkst du _____ Mutter?

Peter: Ich schenke _____ Mutter (_____) Handtasche.

Heidi: So, dann schenke ich _____ Mutter (_____) Kochbuch.

▶ Geburtstag 誕生日 男

044 基数
CD1 ▶ 44

0 null	10 zehn	20 **zwanzig**			
1 eins	11 **elf**	21 ein**und**zwanzig			
2 zwei	12 **zwölf**	22 _____			
3 drei	13 drei**zehn**	23 _____	30 drei**ßig**		
4 vier	14 vier**zehn**	24 _____	40 vier**zig**		
5 fünf	15 _____	25 _____	50 _____		
6 sechs	16 **sechzehn**	26 _____	60 **sechzig**		
7 sieben	17 **siebzehn**	27 _____	70 **siebzig**		
8 acht	18 acht**zehn**	28 _____	80 _____		
9 neun	19 _____	29 _____	90 _____		
100 (ein)hundert		308 _____			
1.000 (ein)tausend		1.433 _____			

045 年齢
CD1 ▶ 45

● Wie alt sind Sie?　　あなたは何歳ですか。

○ Ich bin 19 Jahre alt.　　私は 19 歳です。

046 通貨
CD1 ▶ 46

● Wie viel kostet ein Kuli?　　ボールペンはいくらですか。

○ Er kostet 2,30 Euro (zwei Euro dreißig).　　それは 2 ユーロ 30（セント）です。

047 西暦
CD1 ▶ 47

1945 年　　neunzehn**hundert**fünfundvierzig

2001 年　　zweitausendeins

2022 年　　_____

048   *Ü10*　　音声を聞いて値段を書き入れなさい。
CD1 ▶ 48

1) 　2) 　3) 　4) 　5)

_____　_____　_____　_____　_____

不規則変化動詞・
分離動詞・命令形

❶ 不規則変化動詞

単数2人称 du と3人称 er, sie, es で幹母音（語幹の母音）が変わる動詞が2種類ある。

049 CD1▶49 ❶ 幹母音 a が ä に変わる

fahren （乗り物で）行く

ich	fahre	wir	fahren
du	**fährst**	ihr	fahrt
Sie	fahren	Sie	fahren
er	**fährt**	sie	fahren

Wohin **fährt** er? — Er **fährt** nach Yokohama.

彼はどこへ行くの。　　　　　彼は横浜へ行く。

050 CD1▶50 Ü1

schlafen（　　　　）

ich	_____	wir	_____
du	_____	ihr	_____
Sie	_____	Sie	_____
er	_____	sie	_____

tragen（　　　　）

ich	_____	wir	_____
du	_____	ihr	_____
Sie	_____	Sie	_____
er	_____	sie	_____

051 CD1▶51 Ü2

1) Er _____ gerne lang.

　　彼は長く眠るのが好きだ。

2) Sie _____ einen Rucksack.

　　彼女はリュックサックを背負っている。

052
CD1 ▶ 52

❷ 幹母音 e が i または ie に変わる

e を短く発音するときは i，長く発音するときは ie が多い。

sprechen 話す

ich	spreche	wir	sprechen
du	**sprichst**	ihr	sprecht
Sie	sprechen	Sie	sprechen
er	**spricht**	sie	sprechen

sehen 見る

ich	sehe	wir	sehen
du	**siehst**	ihr	seht
Sie	sehen	Sie	sehen
er	**sieht**	sie	sehen

➡ geben ［ゲーベン］ 与える　du gibst ［ギープスト］　er gibt ［ギープト］

Er spricht gut Deutsch.　　　　　彼は上手にドイツ語を話す。

Siehst du das Haus dort?　　　　あそこの家が見える？

053
CD1 ▶ 53

✏ *Ü 3*

helfen （　　　　）

ich	_____	wir	_____
du	_____	ihr	_____
Sie	_____	Sie	_____
er	_____	sie	_____

lesen （　　　　）

ich	_____	wir	_____
du	_____	ihr	_____
Sie	_____	Sie	_____
er	_____	sie	_____

geben （　　　）

ich	_____	wir	_____
du	_____	ihr	_____
Sie	_____	Sie	_____
er	_____	sie	_____

nehmen （　　　）

ich	_____	wir	_____
du	_____	ihr	_____
Sie	_____	Sie	_____
er	_____	sie	_____

➡ du と er で幹母音だけでなく子音も変わる。

054
CD1 ▶ 54

✏ *Ü 4*

1) Jeden Tag _____ sie (単数) der Mutter.　　　helfen

   毎日彼女は母親の手伝いをする。

2) Dieter _____ jetzt eine Zeitschrift.　　　lesen

   ディーターは今雑誌を読んでいる。

3) Der Lehrer _____ dem Schüler ein Wörterbuch.　　　geben

   先生はその生徒に辞書を与える。

4) Sie _____ ein Taxi.　　　nehmen

   彼女はタクシーに乗る。

❸ werden と wissen も不規則

werden …になる			
ich	**werde**	wir	werden
du	**wirst**	ihr	werdet
Sie	werden	Sie	werden
er	**wird**	sie	werden

wissen 知っている			
ich	**weiß**	wir	wissen
du	**weißt**	ihr	wisst
Sie	wissen	Sie	wissen
er	**weiß**	sie	wissen

➡単数（Sie を除く）で幹母音が変わり、
単数 1・3 人称に語尾がつかない。

Was wirst du? 　—Ich **werde** Pilot. 　　**Sie weiß alles.** 　　▶ alles = *all*

君は何になるの。 　　　私はパイロットになる。 　　彼女はすべてを知っている

🖊 Ü 5

1) Er _____ bald wieder gesund. 　　　　werden

彼はすぐにまた元気になる。

2) Was _____ sie? 　—Sie _____ Sängerin. 　　werden / werden

彼女は何になるの。 　　　　彼女は歌手になる。

3) Das _____ ich nicht. 　　　　wissen

それを私は知らない。

❷ 分離動詞と非分離動詞

❶ 分離動詞

分離する前つづり＋動詞の組み合わせを分離動詞と呼ぶ。

前つづりは常にアクセントを持ち、主文においては分離して文末に置かれる。

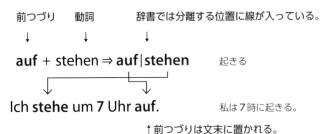

前つづり　　動詞　　　　辞書では分離する位置に線が入っている。
　↓　　　　　↓　　　　　↓
auf + stehen ⇒ **auf|stehen** 　　起きる

Ich **stehe** um 7 Uhr **auf.** 　　　私は 7 時に起きる。

↑前つづりは文末に置かれる。

an + kommen ⇒ an|kommen　　　　　　　到着する

Peter **kommt** morgen in Berlin **an.**　　　ペーターは明日ベルリンに到着する。

Wir **laden** die Kinder **ein.**　　　　　　私たちは子どもたちを招待する。

Der Zug **fährt** pünktlich **ab.**　　　　　列車は時間通りに出発する。

058
CD1▶58

✎　*Ü6*

1)　Heidi _____ den Lehrer _____.　　　anrufen

　　ハイジは先生に電話をかける。

2)　_____ Sie in München _____?　　　umsteigen

　　ミュンヘンで乗り換えますか。

059
CD1▶59

❷ 非分離動詞

次のようなアクセントのない前つづりを持つ動詞は非分離動詞と呼ばれる。

　be-　　emp-　　ent-　　er-　　ge-　　ver-　　zer-

たとえば verstehen （理解する）は次のように用いる。

Julia **versteht** Japanisch gar nicht.　　　ユリアは日本語が全然わからない。

　➡ ver にはアクセントがなく、分離しない。

Er **bekommt** ein Geschenk.

彼はプレゼントをもらう。

Die Großmutter **erzählt** den Kindern ein Märchen.

おばあさんは子どもたちに童話を話して聞かせる。

060
CD1▶60

✎　*Ü7*

Der Sturm _____ die Brücke.　　　zerstören

061 CD1▶61

❸ 命令形

不定詞の語幹に決まった語尾をつけ、次のような形で用いる。

不定詞	du に対して	ihr に対して	Sie に対して
—en	—[e]!	—t!	—en Sie!

fahren	Fahr [e]!	Fahrt!	Fahren Sie!
sprechen	Sprich!	Sprecht!	Sprechen Sie!
sein	Sei!	Seid!	Seien Sie!

du に対する命令形の語尾 -e はふつう省かれる。

現在人称変化で e が i、または ie に変わる動詞は、du に対する命令形でも幹母音を変え、語尾 -e はつけない。

Sie に対する命令形では主語の Sie を必ずつける。

Sei still!	静かにしなさい。
Seid still!	静かにしなさい。
Seien Sie still!	静かにしてください。
Sprich langsam!	ゆっくり話しなさい。
Sprecht langsam!	ゆっくり話しなさい。
Sprechen Sie langsam!	ゆっくり話してください。
Steh morgen früh **auf**!	明日は早く起きなさい。
Steht morgen früh **auf**!	明日は早く起きなさい。
Stehen Sie morgen früh **auf**!	明日は早く起きてください。

062 CD1▶62

Ü8

	du に対して	ihr に対して	Sie に対して
kommen	_____	_____	_____
geben	_____	_____	_____
nehmen	_____	_____	_____
anrufen	_____	_____	_____

063
CD1▶63

I 📖 下線部に与えられた動詞を適当な形にして書き入れなさい。

1) Eine Frau _____ eine Brille und _____ eine Zeitschrift.　tragen / lesen

2) Ein Kind _____ Eis und _____ ein Bilderbuch.　essen / sehen

3) Ein Mann _____ schnell. Er _____ Englisch.　laufen / sprechen

4) Heute _____ er eine Party und _____ die Freundin _____.　geben / einladen

5) Er _____ eine Nachricht und _____ heute die Tante.　bekommen / besuchen

064
CD1▶64

II 🪶 日本語に合うように下線部にドイツ語を書き入れなさい。

1) 私はフランクフルトで降ります。　▶降りる aussteigen

Ich _____ in Frankfurt _____.

2) 明日あなたはいつ起床しますか。

Wann _____ Sie _____ _____?

3) 傘を持って行きなさい。　▶傘 Regenschirm 男 / 持って行く mitnehmen

_____

065
CD1▶65

III 😊😊 音声を聞いて下線部に適当な動詞を書き入れ、会話文を完成させなさい。

A: Ich suche die Post.

B: Es ist ziemlich weit. _____ _____ ein Taxi oder den Bus Nummer

fünf und _____ _____ in Kawaramachi _____! Dann

_____ man die Post ganz in der Nähe!

A: Danke.

B: Bitte schön!

Lektion 4

人称代名詞・前置詞

① 人称代名詞の3格と4格 ➡2格はほとんど用いないので省略。

第1課で人称代名詞の1格（ich や er など）を学んだが、3格と4格は次のようになる。

		1人称	親称2人称	敬称2人称	3人称		
単数	1格	ich	du	Sie	er	sie	es
	3格	mir	dir	Ihnen	ihm	ihr	ihm
	4格	mich	dich	Sie	ihn	sie	es
複数	1格	wir	ihr	Sie	sie		
	3格	uns	euch	Ihnen	ihnen		
	4格	uns	euch	Sie	sie		

人称代名詞は文法上の性に忠実に、男性名詞は **er**、女性名詞は **sie**、中性名詞は **es** そして複数名詞は **sie** で受ける。

Sie kauft <u>eine Handtasche</u>. **Sie** ist teuer.　　　彼女はハンドバッグを買います。それは高いです。

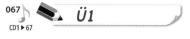 **Ü1**

1) Ich liebe _____ (sie), aber sie liebt _____ (ich) nicht.

2) Sie kauft ein iPhone. _____ ist billig.

人称代名詞と名詞の並べ方

❶ 両方とも名詞：3格－4格の順

Ich schenke <u>der Mutter</u> <u>ein Buch</u>.　　　私は母に本を贈る。

❷ 両方とも人称代名詞：4格－3格の順

Ich schenke <u>es</u> <u>ihr</u>.　　　私はそれを彼女に贈る。

❸ 名詞と人称代名詞：格に関係なく人称代名詞を前に置く。

Ich schenke <u>ihr</u> <u>ein Buch</u>.　　　私は彼女に本を贈る。
Ich schenke <u>es</u> <u>der Mutter</u>.　　　私はそれを母に贈る。

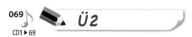 **Ü2**

Kauft der Vater der Tochter ein Smartphone?

—Ja, _____ kauft _____ _____.

❷ 前置詞

前置詞は決まった格の名詞や代名詞と結びつく。これを前置詞の格支配といい、次の 4 種類のものがある。

070
CD1▶70

❶ 2格支配

statt des Vaters   父の代わりに
   (der Vater の 2 格)

| statt …の代わりに | trotz …にもかかわらず | während …の間 | wegen …ゆえに | など |

071
CD1▶71

✎ Ü 3

1) Trotz _____ _____ geht sie aus.   der Regen

2) Wegen _____ _____ kommt er nicht   die Erkältung

072
CD1▶72

❷ 3格支配

mit dem Vater   父と共に
   (der Vater の 3 格)

| aus … (の中) から | bei …のもとで、…の際に | mit …と共に、…でもって |
| nach …へ、…のあとで | seit …以来 | von …から、…の | zu …へ | など |

073
CD1▶73

✎ Ü 4

1) Wir gehen nach _____ _____ einkaufen   das Essen

2) Seit _____ _____ lernen wir Deutsch.   ein Jahr

3) Der Amerikaner wohnt bei _____.   wir

074
CD1▶74

❸ 4格支配

für den Vater   父のために
   (der Vater の 4 格)

| durch …を通って | für …のために | gegen …に対して | ohne …なしに | um …のまわりに | など |

075
CD1▶75

✎ Ü 5

1) Wir gehen durch _____ _____ spazieren.   der Wald

2) Um _____ _____ blühen die Rosen.   das Haus

3) Für _____ mache ich alles.   er

076 CD1▶76 ❹ 3・4格支配

次の9個の前置詞は場所を示すときは3格と結びつき、方向を示すときは4格と結びつく。

an …きわに／へ	**auf** …の上に／へ	**hinter** …のうしろに／へ
in …の中に／へ	**neben** …の横に／へ	**über** …の上方に／へ
unter …の下に／へ	**vor** …の前に／へ	**zwischen** …の間に／へ

Wo essen Sie? あなたはどこで食べますか。

Ich esse in **der** Mensa. 私は学生食堂で食べます。
    die Mensa の3格 ➡場所＝3格

Wohin gehen Sie? あなたはどこへ行きますか。

Ich gehe in **die** Mensa. 私は学生食堂へ行きます。
    die Mensa の4格 ➡方向＝4格

077 CD1▶77 ✏ *Ü6*

1) Die Flasche steht ＿＿＿ ＿＿＿ ＿＿＿＿＿.   auf + der Tisch

2) Er stellt die Flasche ＿＿＿ ＿＿＿ ＿＿＿＿＿.   auf + der Tisch

3) Ich wohne ＿＿＿ ＿＿＿ ＿＿＿＿＿.   in + die Schweiz

4) Ich fahre ＿＿＿ ＿＿＿ ＿＿＿＿＿.   in + die Schweiz

➡国名や地名はほとんど中性名詞であり無冠詞で用いるが、男性・女性・複数の場合は冠詞をつける。

der Iran イラン   **die Türkei** トルコ   **die USA** 複 アメリカ合衆国

❸ 前置詞と定冠詞や代名詞との融合形

 ❶ 前置詞と定冠詞の融合形

an dem → **am**	in dem → **im**	zu dem → **zum**
an das → **ans**	in das → **ins**	zu der → **zur**　など

 Ü7

1) Wir fahren (an + das Meer →) _____ _____.

2) (In + dem Sommer →) _____ _____ fliege ich nach Deutschland.

3) Sie geht (zu + dem Lehrer →) _____ _____.

❷ 前置詞と人称代名詞の融合形：da[r] + 前置詞

前置詞が母音で始まる時は dar- となる。

mit ihm → **damit**　　　auf ihn → **darauf**　など

人称代名詞が事物を指すものに限られる。

Warten Sie <u>auf den Bus</u>?　　　—Ja, ich warte **darauf**.　　➡ auf ihn の代わり

 Ü8

1) Fährst du mit dem Taxi?　　　—Ja, ich fahre _____.

君はタクシーで行くの。　　　　　　　　　はい、私はそれで行きます。

2) Auf dem Tisch steht eine Vase und _____ liegt eine Brille.

机の上には花瓶があり、その横にはメガネがある。

im + 季節名
Frühling
Sommer
Herbst
Winter

im + 月名	
Januar	Juli
Februar	August
März	September
April	Oktober
Mai	November
Juni	Dezember

am + 曜日名
Montag
Dienstag
Mittwoch
Donnerstag
Freitag
Samstag
Sonntag

085
CD1▶85

I 📖 下線部には適当な動詞を選んで書き入れ、（　　）には適当な定冠詞を書き入れなさい。

liegen　　legen　　sitzen　　setzen　　stehen　　stellen

1) Das Buch _____ auf (　　　　　) Tisch.

2) Ich _____ die Butter in (　　　　) Kühlschrank.

3) Sie _____ das Baby auf (　　　　　) Stuhl.

4) Drei Kinder _____ auf (　　　　) Bank.

5) Der Fernseher _____ neben (　　　　　) Schrank und

　　sie _____ ihn in (　　　　　) Ecke.

086
CD1▶86

II 🪶 日本語に合うように下線部にドイツ語を書き入れなさい。

1) 1年前からそのアメリカ人は、一人の友人と共に私たちのところに住んでいます。

_____ _____ Jahr wohnt der Amerikaner _____ _____

Freund _____ uns.

2) そのバスはある村を通り、その町の中に入る。

Der Bus fährt _____ _____ Dorf und _____ _____ Stadt.

3) 夏休みの間、私たちはその湖の畔にいます。

_____ _____ Sommerferien sind wir _____ See.

087
CD1▶87

III 👀 音声を聞いて下線部に適当な語を補い、会話文を完成させなさい。

A: Was _____ du _____ _____ Tasche?

B: In _____ Tasche _____ ich _____ _____.

A: Wie _____ du _____ _____ _____?

B: Ich _____ _____ sehr _____.

A: Was _____ du _____ Rucksack?

B: _____ Rucksack _____ ich _____.

A: Wie _____ du _____ _____ _____?

B: Ich _____ _____ sehr _____.

Tasche 女 カバン / iPad 中 アイパッド / nützlich 便利な / Comics 複 マンガ / interessant 面白い

冠詞類

088
CD1▶88 **1 定冠詞に似た変化をする定冠詞類**　　➡語尾を定冠詞と比べてみるとわかりやすい。

	男性	女性	中性	複数
1格	dieser (der)	diese (die)	dieses (das)	diese (die)
2格	dieses (des)	dieser (der)	dieses (des)	dieser (der)
3格	diesem (dem)	dieser (der)	diesem (dem)	diesen (den)
4格	diesen (den)	diese (die)	dieses (das)	diese (die)

定冠詞類には次のようなものがある。

dieser この	jener あの	solcher そのような
welcher どの	jeder どの…も（単数のみ）	など

Dieser Student liebt jene Studentin.　　この学生はあの女子学生を愛している。

089
CD1▶89 ✎ *Ü1*

	単数		複数	
1格	dieser	Hund この犬	_____	_____
2格	_____	_____	_____	_____
3格	_____	_____	_____	_____
4格	_____	_____	_____	_____

1格	jene	Katze あの猫	_____	_____
2格	_____	_____	_____	_____
3格	_____	_____	_____	_____
4格	_____	_____	_____	_____

1格	welches	Kind どの子ども	_____	_____
2格	_____	_____	_____	_____
3格	_____	_____	_____	_____
4格	_____	_____	_____	_____

090
CD1▶90

▲ *Ü2*

1) Dies＿＿ Hund spielt oft mit jen＿＿ Katze.

2) Welch＿＿ Kind gehört dies＿＿ Hund?

091
CD1▶91

❷ 不定冠詞と同じ変化をする不定冠詞類　➡語尾を不定冠詞と比べてみるとわかりやすい。

	男性		女性		中性		複数	
1格	mein	(ein)	meine	(eine)	mein	(ein)	meine	(diese)
2格	meines	(eines)	meiner	(einer)	meines	(eines)	meiner	(dieser)
3格	meinem	(einem)	meiner	(einer)	meinem	(einem)	meinen	(diesen)
4格	meinen	(einen)	meine	(eine)	mein	(ein)	meine	(diese)

➡男性の1格と中性の1・4格の3箇所で語尾がないのが大きな特徴である。
➡複数形の変化は定冠詞類に準じる（不定冠詞には複数形がないため）。

不定冠詞類には次のようなものがある。

092
CD1▶92

❶ 所有冠詞

mein 私の	dein 君の	sein 彼の	ihr 彼女の	sein それの
unser 私たちの	euer 君たちの	ihr 彼らの	Ihr あなた（方）の	

Mein Bruder liebt **deine** Schwester.　　　私の兄は君の姉を愛している。

093
CD1▶93

❷ 否定冠詞 kein (= no) （一つも）…ない

kein は不定冠詞のついた名詞や冠詞のつかない名詞を否定するときに用いる。

Ich habe ein Fahrrad.　Ich habe **kein** Fahrrad.　　　私には自転車がある。―ない。

Ich habe Zeit.　　　　Ich habe **keine** Zeit.　　　私には時間がある。―ない。

094
CD1▶94

▲ *Ü3*

	単数		複数	
1格	mein	Bruder 私の兄	＿＿＿	＿＿＿
2格	＿＿＿	＿＿＿	＿＿＿	＿＿＿
3格	＿＿＿	＿＿＿	＿＿＿	＿＿＿
4格	＿＿＿	＿＿＿	＿＿＿	＿＿＿

34

1格	deine	Schwester 君の姉	_____	_____
2格	_____	_____	_____	_____
3格	_____	_____	_____	_____
4格	_____	_____	_____	_____

1格	sein	Fahrrad 彼の自転車	_____	_____
2格	_____	_____	_____	_____
3格	_____	_____	_____	_____
4格	_____	_____	_____	_____

095
CD1 ▶ 95

✎ Ü4

1) Mein_____ Hund spielt oft mit dein_____ Katze.

2) Sie gibt oft sein_____ Kind Süßigkeiten.

3) Er hat jetzt kein_____ Arbeit und kein_____ Geld.

096
CD1 ▶ 96

時刻の読み方

9.00 Uhr
neun Uhr

9.48 Uhr
neun Uhr achtundvierzig

9.30 Uhr
neun Uhr dreißig
halb zehn

9.15 Uhr
neun Uhr fünfzehn
Viertel nach neun

9.45 Uhr
neun Uhr fünfundvierzig
Viertel vor zehn

097
CD1 ▶ 97

✎ Ü5　　Peter の一日について、音声を聞いて時間を聞きとりなさい。

Peter steht um _____ Uhr auf. Er frühstückt gegen _____ Uhr. Um _____ Uhr
isst Peter in der Mensa zu Mittag. Gegen _____ Uhr kommt er nach Hause und
isst zu Abend. Gegen _____ Uhr geht er ins Bett.

098 **I** 📖 次の文の下線部に適当な語尾を書き入れなさい。
CD1▶98

1) Jen___ Mann heißt Ichiro. Er ist der Freund mein___ Schwester.

2) Dies___ Hund gehört schon lange zu sein___ Familie.

3) Ihr___ Freund hat jetzt kein___ Bargeld.

4) Die Freundin jen___ Mannes arbeitet in dies___ Kirche.

5) Sein___ Eltern machen mit ihr___ Freunden eine Wanderung.

099 **II** 🖋 日本語に合うように下線部にドイツ語を書き入れなさい。
CD1▶99

1) こちらはマオです。彼女の姓はタナカです。　　　▶姓 Familienname

Das ist Mao. _____ _____ ist Tanaka.

2) 彼女の故郷は京都です。　　▶故郷 Heimat

_____ _____ ist Kyoto.

3) 私の両親は彼女の両親をよく知っています。

_____ _____ kennen _____ _____ sehr gut.

100 **III** 👀 音声を聞いて下線部に適当な語を書き入れ、会話文を完成させなさい。
CD2▶01

1) A: _____ jen___ Auto _____ Lehrerin?

B: Nein, _____ gehört _____ _____.

2) A: Gehört dies___ Handy _____ _____?

B: Nein, _____ _____ _____ _____.

3) A: Wem _____ dies___ Brille?

B: _____ _____ _____ _____.

話法の助動詞・未来

❶ 話法の助動詞

英語の *can* や *must* にあたるもので可能性、義務、推量といった話し手のさまざまな判断を表す助動詞。ドイツ語では特に好んで用いられる。

101 ♪
CD2 ▶ 02

❶ 現在人称変化

単数のみ（Sie を除く）不規則に変化し、1人称と3人称は同形である。

	dürfen …してよい	können …できる	mögen …かも しれない	müssen …しなければ ならない	sollen …するべき である	wollen …するつもり である
ich	darf	kann	mag	muss	soll	will
du	darfst	kannst	magst	musst	sollst	willst
er	darf	kann	mag	muss	soll	will
wir	dürfen	können	mögen	müssen	sollen	wollen
ihr	dürft	könnt	mögt	müsst	sollt	wollt
sie	dürfen	können	mögen	müssen	sollen	wollen
Sie	dürfen	können	mögen	müssen	sollen	wollen

sollen 以外は
幹母音が変わる

➡ さまざまな意味があるので注意が必要。

102 ♪
CD2 ▶ 03

❷ 話法の助動詞の構文：英語と違い、本動詞の不定詞を文末に置いて枠構造を作る。

Er **kann** gut Deutsch **sprechen**.   彼は上手にドイツ語を話すことができる。

話法の助動詞
第2位

本動詞の不定詞
文末

—— 枠構造 ——

Du **darfst** hier **parken**.	君はここに駐車してよい。
Man **darf** nicht **lügen**.	嘘をついてはいけない（禁止）。
Er **kann** Klavier **spielen**.	彼はピアノが弾ける。
Sie **mag** krank **sein**.	彼女は病気かもしれない。
Morgen **muss** ich sehr früh **abfahren**.	明日私はとても早く出発しなければならない。
Er **muss** nicht **arbeiten**.	彼は働く必要がない。
Man **soll** seine Eltern **ehren**.	両親を敬うべきである。
Sie **soll** schwer krank **sein**.	彼女は重病だそうだ。
Er **will** sie morgen **einladen**.	彼は明日彼女を招待するつもりだ。

方向を表す副詞句があると、本動詞は省かれることがある。

Ich **muss** sofort nach Haus [**gehen**].　私はすぐに帰宅しなければならない。

Kann ich jetzt nach Haus [**gehen**]?　もう家に帰ってもいいですか。

単独で、独立した他動詞として用いられることもある。

Sie **mag** keinen Fisch.　　　　　　　　彼女は魚が好きではない。

103 ♪
CD2▶04
✎ Ü1

1) Hier _____ man nicht rauchen.　　　　dürfen

2) Morgen _____ er um 5 Uhr aufstehen.　müssen

3) _____ ich das Fenster aufmachen?　　sollen

4) Ich _____ ihn morgen besuchen.　　wollen

5) Sie _____ etwa 40 Jahre alt sein.　　mögen

104 ♪
CD2▶05
❸ 「…したい」の **möchte**

mögen には möchte という別の形（接続法→ L.13）があり、「…したい」という願望の表現によく用いられる。

möchte < mögen

ich	möchte	wir	möchten
du	möchtest	ihr	möchtet
Sie	möchten	Sie	möchten
er	möchte	sie	möchten

Was möchtest du essen?　　—Ich **möchte** Sushi **essen**.

君は何が食べたいですか。　　　　　　　私は寿司が食べたい。

Was möchten Sie?　　—Ich **möchte** bitte ein Eis.

何をご希望ですか。　　　　アイスクリームをいただけますか。　　➡独立の動詞として不定詞なしで。

105 ♪
CD2▶06
✎ Ü2

1) Was _____ Sie trinken?　—Ich _____ Apfelsaft trinken.

2) _____ du ins Kino gehen?　—Nein, ich _____ ins Konzert gehen.

❷ 未来形の構造と意味

106
CD2▶07 **❶ 未来形の構造**：助動詞に werden （→ L.3）を用い、本動詞の不定詞を文末に置いて、枠構造を作る。

Sie ｜ wird ｜ jetzt wohl in der Bibliothek ｜ sein. ｜ 　彼女は今たぶん図書館にいるのでしょう。

　　　　未来の助動詞　　　　　　　　　　　　　　本動詞の不定詞
　　　　第2位　　　　　　　　　　　　　　　　　文末
　　　　└──────────── 枠構造 ────────────┘

107
CD2▶08 **❷ 未来形の意味**

　　1人称と用いて意志（…するつもりだ）　　Ich **werde** dich nie **vergessen**.

　　　　　　　　　　　　　　　　　　　　　　私は君を決して忘れない。

　　　　　　　　　　　　　　　　　　　　　　Ich **werde** dir immer **beistehen**.

　　　　　　　　　　　　　　　　　　　　　　私はいつも君の味方をするつもりだ。

　　2人称と用いて命令（…しなさい）　　　　Du **wirst** jetzt ins Bett **gehen**!

　　　　　　　　　　　　　　　　　　　　　　もう寝なさい。

　　3人称と用いて推量（…だろう）　　　　　Er **wird** wohl krank **sein**.

　　　　　　　　　　　　　　　　　　　　　　彼はたぶん病気なのだろう。

　　　　　　　　　　　　　　　　　　　　　　Wird er jetzt in Deutschland **sein**?

　　　　　　　　　　　　　　　　　　　　　　彼はいまドイツにいるのだろうか。

　　純粋に時間的な未来は現在形で表現される。

　　Morgen **fahre** ich nach Hamburg.　　　明日私はハンブルクへ行く。

108
CD2▶09 ✏ *Ü3*　　　　　　　未来形の文に書き換えなさい。

1) Ich nehme an der Party teil.

→ _____

2) Am Nachmittag wird das Wetter wieder gut.

→ _____

109 ♪ **I** 📖 次の文を話法の助動詞を用いて書き換えなさい。
CD2▶10

1) Sie arbeitet heute viel. 　　müssen 　_____

2) Er trinkt keinen Alkohol. 　dürfen 　_____

3) Sie ist schwer krank. 　　　sollen 　_____

4) Er hat recht. 　　　　　　　mögen 　_____

5) Du sprichst gut Französisch. 　können 　_____

110 ♪ **II** ✒ 日本語に合うように下線部にドイツ語を書き入れなさい。
CD2▶11

1) 私は彼が好きだが、彼は私が好きではない。

_____

2) 私は歌手になりたい。

_____

3) 私は来年ドイツへ行きたい。

_____

111 ♪ **III** 👀 音声を聞いて下線部に適当な語を補い、会話文を完成させなさい。
CD2▶12

A: Was _____ du _____?

B: Ich _____ Profifußballer _____.

A: Dann _____ du _____ _____.

B: Ja, ich _____ _____ _____ _____.

A: Vielleicht _____ du _____ _____ Weltmeisterschaft _____.

Profifußballer 男 プロのサッカー選手 / trainieren トレーニングをする / vielleicht ひょっとすると /
einmal いつか / Weltmeisterschaft 女 ワールドカップ / an + 3格 teilnehmen ～³に出場する

形容詞の格変化・比較

❶ 形容詞の格変化

形容詞は付加語として名詞の前に置かれた時は、名詞の性・数・格を明らかにするために決まった語尾が必要になる。

112
CD2▶13

❶ 強変化：「形容詞＋名詞」の場合

名詞に冠詞（類）がつかないときは、形容詞に定冠詞類と同じ語尾がつく。

	赤いワイン **男**		新鮮なミルク **女**		冷たいビール **中**		親切な人々 **複**	
1格	roter	Wein	frische	Milch	kaltes	Bier	nette	Leute
2格	roten	Weines	frischer	Milch	kalten	Biers	netter	Leute
3格	rotem	Wein	frischer	Milch	kaltem	Bier	netten	Leuten
4格	roten	Wein	frische	Milch	kaltes	Bier	nette	Leute

➡ 男性と中性の2格で -en となる（名詞に -[e]s がつき、2格であることが明らかになるため）。

Jeden Morgen essen wir **frisches Brot** und trinken **heißen Kaffee**.

毎朝私たちは焼きたてのパンを食べ、熱いコーヒーを飲みます。

113
CD2▶14

✐ Ü1

	濃いコーヒー **男**		冷たいコーラ **女**		澄んだ水 **中**		新鮮な魚 **複**	
1格	starker	Kaffee	kalte	Cola	klares	Wasser	frische	Fische
2格	_____	_____	_____	_____	_____	_____	_____	_____
3格	_____	_____	_____	_____	_____	_____	_____	_____
4格	_____	_____	_____	_____	_____	_____	_____	_____

114
CD2▶15

✐ Ü2

1) Ich trinke gern stark_____ Kaffee und kalt_____ Cola.

2) Sie trinkt rot_____ Wein und isst frisch_____ Fische.

3) Er hört gern klassisch_____ Musik.

❷ 弱変化：「定冠詞（類）＋形容詞＋名詞」の場合

定冠詞（類）によって名詞の性・数・格がほとんど明らかなため、形容詞には5箇所（男性1格、女性1・4格、中性1・4格）以外ですべて −en という語尾がつく。

		白いスカート **男**			白いジャケット **女**	
1格	der	weiß**e**	Rock	die	weiß**e**	Jacke
2格	des	weiß**en**	Rocks	der	weiß**en**	Jacke
3格	dem	weiß**en**	Rock	der	weiß**en**	Jacke
4格	den	weiß**en**	Rock	die	weiß**e**	Jacke
		白いシャツ **中**			白い靴 **複**	
1格	das	weiß**e**	Hemd	die	weiß**en**	Schuhe
2格	des	weiß**en**	Hemdes	der	weiß**en**	Schuhe
3格	dem	weiß**en**	Hemd	den	weiß**en**	Schuhen
4格	das	weiß**e**	Hemd	die	weiß**en**	Schuhe

➡男性1格，女性1・4格、中性1・4格の5箇所のみ -e となる。

Das deutsche Auto gehört **der reichen Frau.**　　そのドイツ車はその裕福な女性のものです。

✐ **Ü3**

		その年とった男性 **男**			この若い女性 **女**	
1格	der	alte	Mann	diese	junge	Frau
2格	＿＿＿	＿＿＿	＿＿＿	＿＿＿	＿＿＿	＿＿＿
3格	＿＿＿	＿＿＿	＿＿＿	＿＿＿	＿＿＿	＿＿＿
4格	＿＿＿	＿＿＿	＿＿＿	＿＿＿	＿＿＿	＿＿＿
		あの大きな家 **中**			美しい花 **複**	
1格	jenes	große	Haus	die	schönen	Blumen
2格	＿＿＿	＿＿＿	＿＿＿	＿＿＿	＿＿＿	＿＿＿
3格	＿＿＿	＿＿＿	＿＿＿	＿＿＿	＿＿＿	＿＿＿
4格	＿＿＿	＿＿＿	＿＿＿	＿＿＿	＿＿＿	＿＿＿

✐ **Ü4**

1) Sie kauft den gelb＿＿＿ Rock und die grün＿＿＿ Jacke.

2) Das schwarz＿＿＿ Hemd gefällt dies＿＿＿ jung＿＿＿ Frau.

3) Jen＿＿＿ groß＿＿＿ Haus gehört dem alt＿＿＿ Mann.

118
CD2 ▶ 19

❸ 混合変化：「不定冠詞（類）＋形容詞＋名詞」の場合

弱変化の場合と同じく、形容詞には5箇所（男性1格、女性1・4格、中性1・4格）以外ですべて
−en という語尾がつく。

	私の青いスカート 男			私の青いジャケット 女		
1格	mein	blauer	Rock	meine	blaue	Jacke
2格	meines	blauen	Rocks	meiner	blauen	Jacke
3格	meinem	blauen	Rock	meiner	blauen	Jacke
4格	meinen	blauen	Rock	meine	blaue	Jacke

	私の青いシャツ 中			私の青い靴 複		
1格	mein	blaues	Hemd	meine	blauen	Schuhe
2格	meines	blauen	Hemdes	meiner	blauen	Schuhe
3格	meinem	blauen	Hemd	meinen	blauen	Schuhen
4格	mein	blaues	Hemd	meine	blauen	Schuhe

➡弱変化と違う点は、男性1格が -er、中性1格と4格が -es となることである。これはこの3箇所で冠詞の語
尾がないためであり、この変化は強変化と弱変化の語尾をもつために混合変化と呼ばれる。

Ein bekannter Maler wohnt in unserer kleinen Stadt.

ひとりの有名な画家が私たちの小さな町に住んでいます。

119
CD2 ▶ 20

Ü5

	私の親切な友人 男			彼の新しい時計 女		
1格	mein	netter	Freund	seine	neue	Uhr
2格	_____	_____	_____	_____	_____	_____
3格	_____	_____	_____	_____	_____	_____
4格	_____	_____	_____	_____	_____	_____

	一冊のよい本 中			彼女の老いた両親 複		
1格	ein	gutes	Buch	ihre	alten	Eltern
2格	_____	_____	_____	_____	_____	_____
3格	_____	_____	_____	_____	_____	_____
4格	_____	_____	_____	_____	_____	_____

120 CD2▶21 ✏️ **Ü6**

1) Mein_____ nett_____ Freundin schenkt ihr_____ alt_____ Eltern
   ein gut_____ Buch.

2) Mein_____ rot_____ Jacke gefällt mein_____ nett_____ Freund.

3) Ihr_____ alt_____ Eltern besuchen eine schön_____ und alt_____ Stadt.

121 CD2▶22 ❹ 形容詞の名詞的用法

付加語として用いられた形容詞を名詞にすることができる。頭文字を大文字書きし、形容詞の前にある冠詞類に応じて語尾をつける。

krank → Krank → ein **Kranker**　　一人の男の病人

　　　　　　　　→ der **Kranke**　　その男の病人

arm → Arm → eine **Arme**　　一人の貧しい女

　　　　　　　→ die **Arme**　　その貧しい女

etwas (= *something*) や nichts (= *nothing*) と組み合わせて、中性の形でもよく用いられる。

etwas **Gutes**　　何かよいこと

nichts **Gutes**　　何もよいことはない

122 CD2▶23 ✏️ **Ü7**

1) Sie besucht einen Krank_____.

2) Ein Reich_____ hilft der Arm_____.

3) Steht etwas Neu_____ in der Zeitung?

❷ 形容詞の比較

123 CD2▶24

❶ 形容詞の比較級と最上級

比較級は、形容詞の原級に **-er**、最上級は **-st** をつける

1音節の形容詞は a, o, u が変音するものが多い。また **-t, -z** などで終わる形容詞の最上級は **-est** になる。副詞の最上級は **am -sten** となる。

原級		比較級	最上級
klein	小さい	kleiner	kleinst
lang	長い	länger	längst
kurz	短い	kürzer	kürzest
gut	良い	besser	best
groß	大きい	größer	größt
hoch	高い	höher	höchst
viel	多い	mehr	meist
gern	（副詞）好んで	lieber	am liebsten

124 CD2▶25

✎ *Ü8*

schnell	速い	_____	_____
alt	古い	_____	_____
interessant	おもしろい	_____	_____

125 CD2▶26

❷ 比較の用法

原級による比較：so ＋原級＋ wie B　　A は B と同じ程度に…だ

Ich bin so groß wie meine Mutter.　　私は母と同じ背丈だ。

126 CD2▶27

✎ *Ü9*

1) Peter ist so _____ wie Richard.　　　fleißig

2) Peter läuft nicht so _____ wie Richard.　　　schnell

127 CD2▶28

比較級による比較

① 比較級＋ als B　　A は B より…だ

Mein Bruder ist größer als mein Vater.　　　兄は父より背が高い。

② immer ＋比較級 / 比較級 und 比較級　　ますます、次第に

Sie läuft immer schneller / schneller und schneller.　彼女はますます速く走る。

✎ Ü10

1) Peter ist viel _____ als Richard.   fleißig

2) Die Preise steigen immer _____.   hoch

3) Die Tage werden immer _____.   lang

4) Er fährt _____ und _____.   schnell

最上級による比較：定冠詞 + -ste / am -sten   A が一番…だ

Mein Bruder ist **der größte** in der Familie.

Mein Bruder ist **am größten** in der Familie.   兄が家族の中で一番背が高い。

Meine Schwester ist **die kleinste** in der Familie.

Meine Schwester ist **am kleinsten** in der Familie.   妹が家族の中で一番背が低い。

同一物におけるある性質が一定の条件の下で最高であることを表すときは、必ず am -sten を用いる。

Vor der Prüfung ist mein Bruder **am fleißigsten.**   兄は試験の前が最も勤勉だ。

✎ Ü11

1) Peter ist der _____ Student in der Klasse.   fleißig

2) Hier ist dieser Fluss am _____.   tief

3) Ich trinke _____ Tee als Kaffee. Am _____ trinke ich aber Kakao.

gern

序数

序数

「…番目の」を意味する序数は、原則として 19 までは基数に **-t** を、20 以上は **-st** をつける。
序数を数字で表す場合、数字の後に点（ **.** ）をつける。ふつう定冠詞と共に用いられ形容詞と同じ変化
をする。

1.	**erst**	11.	elft	20.	＿＿＿＿＿
2.	zweit	12.	zwölft	25.	fünfundzwanzig**st**
3.	**dritt**	13.	dreizehnt	27.	＿＿＿＿＿
4.	viert	14.	＿＿＿＿＿	30.	＿＿＿＿＿
5.	fünft	15.	＿＿＿＿＿	40.	＿＿＿＿＿
6.	sechst	16.	＿＿＿＿＿	50.	fünfzig**st**
7.	sieb(en)t	17.	＿＿＿＿＿	60.	sechzig**st**
8.	**acht**	18.	＿＿＿＿＿	70.	siebzig**st**
9.	neunt	19.	＿＿＿＿＿	80.	＿＿＿＿＿
10.	zehnt			90.	＿＿＿＿＿
100.	hundert**st**	101.	hundert**erst**	1000.	tausend**st**

- Der Wievielte ist heute?　　　今日は何日ですか。
- Heute ist **der zwölfte**.　　　今日は 12 日です。
  der 序数＋—e
- Den Wievielten haben wir heute?　　　今日は何日ですか。
- Heute haben wir **den fünfundzwanzigsten** Juli.　　　今日は 7 月 25 日です。
  den 序数＋—en
- Wann hast du Geburtstag?　　誕生日はいつですか。
- **Am achten** Oktober.　　10 月 8 日です。
  am 序数＋—en

Ü12　　音声を聞いて下線部に適当な語を補いなさい。

1) ＿＿＿＿＿＿ haben wir heute?

—Heute haben wir ＿＿＿＿＿ September.

2) Wann haben Sie Geburtstag?　—＿＿＿＿＿ Mai.

3) Wann beginnt die Uni?　—＿＿＿＿＿ Oktober.

4) ＿＿＿＿＿ wann dauern die Sommerferien?

—Bis zum ＿＿＿＿＿ September.

134 CD2▶35

I 📖 下線部に適当な語尾を書き入れなさい。

1) Er trinkt weiß_____ Wein und isst frisch_____ Fische.

2) Jener Mann ist Deutsch_____, aber seine Frau ist keine Deutsch_____.

3) Steht etwas Interessant_____ in der heutig_____ Zeitung?

   — Nein, nichts Interessant_____.

4) Sie kann viel schnell_____ laufen als er.

5) Dieser Fluss ist auf der recht_____ Seite am tiefst_____.

135 CD2▶36

II 🖋 日本語に合うように下線部にドイツ語を書き入れなさい。

1) 最新の携帯電話を探しているのですが。　　▶最新の modern / 携帯電話 Handy / 探す suchen

_____

2) 私どもの新製品の携帯電話をお見せしましょう。この最新の携帯電話はいかがですか。

　　　　　　　　　▶新製品の＝すごく新しい ganz neu / 見せる zeigen / 〜³の気に入る gefallen

_____

3) ええ、これにします。　　▶〜にする nehmen

_____

136 CD2▶37

III 👂 音声を聞いて下線部にドイツ語を書き入れなさい。

A: Den Wievielten haben wir heute?

B: _____

A: Wann hast du Geburtstag?

B: _____

A: Wann beginnen die Sommerferien?

B: _____

zu 不定詞・副文・再帰動詞

❶ zu 不定詞

137 CD2▶38

❶ zu 不定詞の作り方

不定詞　　　gehen

zu 不定詞　**zu gehen**

分離動詞の zu 不定詞：分離動詞では、zu を前つづりと基礎動詞の間に入れる。

　　　　　auszugehen

zu 不定詞句：zu 不定詞は句の最後に置く。

　　　　　ins Konzert **zu gehen**

138 CD2▶39

❷ zu 不定詞の用法

主語として　　Eine Fremdsprache **zu beherrschen** ist nicht leicht.

　　　　　　　外国語をマスターするのは容易ではない。

　　　　　　（= Es ist nicht leicht, eine Fremdsprache **zu beherrschen**.）

目的語として　Er verspricht ihr, zur Party **zu gehen**.

　　　　　　　彼は彼女にパーティに行くことを約束する。

付加語として　Hast du Zeit, mit mir ins Konzert **zu gehen**?

　　　　　　　私と一緒にコンサートに行く時間はありますか？

139 CD2▶40

Ü1

1) 女優になるのが彼女の夢だ。　　　　　▶女優になる Schauspielerin werden / 夢 Traum 男

_____

2) 映画に行く気はありませんか。　　　　▶映画に行く ins Kino zu gehen / （したい）気持ち Lust 女

_____

140 CD2▶41

❸ 重要な zu 不定詞

um ... zu 不定詞　　　〜するために

Er fährt in die USA, **um dort Medizin zu studieren**.　　彼は医学を勉強するために合衆国へ行く。

ohne ... zu 不定詞　　　〜することなしに

Julia geht in die Firma, **ohne zu frühstücken**.　　ユリアは朝食をとらずに会社へ行く。

statt ... zu 不定詞　　　〜するかわりに、〜するどころか

Paul ruft sie an, **statt ihr zu mailen**.　　パウルは彼女にメールをする代わりに電話をする。

Ü2 適切な語を下線に入れなさい。

1) 彼女は一言も言わずに私のそばを通り過ぎる。

Sie geht an mir vorbei, _____ ein Wort _____ sagen.

2) ペーターは仕事もしないで映画を見に行く。

Peter geht ins Kino, _____ _____ arbeiten.

3) 私はその試験に合格する（bestehen）ために、まじめに勉強し（lernen）なければならない。

Ich muss fleißig lernen, _____ die Prüfung _____ bestehen.

sein + zu 不定詞 …されうる、…されねばならない

Sein Wunsch **ist** leicht **zu erfüllen**. 　彼の望みはたやすく実現されうる。

haben + zu 不定詞 …しなければならない

Ich **habe** noch **zu arbeiten**. 　私はまだ仕事がある。

Ü3 適切な語を下線に入れなさい。

1) この質問（主語）に答えるのは難しい。　▶この質問 diese Frage / 答える beantworten

Diese Frage _____ schwer _____ beantworten.

2) 私は今日することがたくさんある。

Ich _____ heute viel _____ tun.

❷ 副文

主文に従属して用いられる文を副文と呼び、副文中では定動詞は文末に置かれる（定動詞後置）。

Er weiß nicht,	dass sie heute nicht **kommt.**	彼は彼女が今日来ないことを知らない。
主文	副文　　　　　　定動詞	

副文は次のような従属の接続詞によって導かれる。

als …したとき	bis …するまで	dass …ということ	da …なので
damit …するように	nachdem …した後で	ob …かどうか	
obgleich/obwohl …にもかかわらず	weil …という理由で	wenn …ならば　など	

副文が主文に先行した場合、主文の定動詞は主文の先頭に置かれる。

Wenn das Wetter morgen schön **ist**,	**machen** wir eine Radtour.
副文　　　　　　　　　　　定動詞	主文

もし明日天気がよければ、私たちはサイクリングをします。

145
CD2 ▶ 46

Ü4 a) と b) の文を与えられた接続詞を用いて一つの文にしなさい。

1) a) Es ist sicher.   b) Sie nimmt an der Party teil.   dass

_____

2) a) Sie kommt nicht.   b) Sie ist krank.   weil

_____

3) a) Du wirst krank.   b) Du isst immer so viel.   wenn

_____

146
CD2 ▶ 47

❸ 再帰動詞と再帰代名詞

再帰とは、動詞によって表される主語の働きが，再び主語自身に帰ってくるという意味である。再帰動詞は、必ず主語自身を指す代名詞（＝再帰代名詞）と共に用いる。

辞書 sich と表記されている。再 sich

一般の動詞との違いを示せば、次のようになる。

Heidi <u>setzt</u> <u>sie</u> auf den Stuhl.   ハイジは彼女をいすに座らせる。   Heidi と sie は同一人物ではない
     ↑   ↑
     他動詞　人称代名詞の4格

Heidi <u>setzt</u> <u>sich</u> auf den Stuhl.   ハイジはいすに座る。   Heidi と sich は同一人物である
     ↑   ↑
     再帰動詞　再帰代名詞の4格

再帰代名詞には人称代名詞（→ L.4）をそのまま用いるが、3人称と敬称2人称では混同を避けるために **sich** を用いる。

$sich^4$ setzen 座る

ich	setze	mich	wir	setzen	uns
du	setzt	dich	ihr	setzt	euch
Sie	setzen	**sich**	Sie	setzen	**sich**
er	setzt	**sich**	sie	setzen	**sich**

よく使う重要な再帰動詞

sich über + 4格 freuen 喜ぶ
sich auf + 4格 freuen 楽しみにする
sich an + 4格 erinnern 思い出す
sich beeilen 急ぐ
sich erkälten 風邪を引く

147
CD2 ▶ 48

 **Ü5**

1) Das Kind freut _____ über das Geschenk.

2) Wir freuen _____ auf das Uni-Fest.

3) Ich kann _____ die Szene gut vorstellen.

➡ 3格の再帰代名詞を伴うものもある。

148 CD2▶49 **I** 📖 zu 不定詞句または従属の接続詞を用いて、二つの文を一つの文にしなさい。

1) a) Ich spare Geld.　　b) Ich kaufe ein neues Fahrrad.　　um ... zu 不定詞

2) a) Er geht weg.　　b) Er grüßt mich nicht.　　ohne ... zu 不定詞

3) a) Sie nimmt ein Taxi.　　b) Sie geht nicht zu Fuß.　　statt ... zu 不定詞

4) a) Wir machen eine Wanderung.　　b) Es regnet morgen nicht.　　wenn

5) a) Er fährt nach Deutschland.　　b) Er spricht gar nicht Deutsch.　　obwohl

149 CD2▶50 **II** 🖋 日本語に合うように下線部にドイツ語を書き入れなさい。

1) 彼は学生時代のことを思い出すのが好きだ。　　▶学生時代 Studentenzeit

_____

2) 冬に私はよく風邪をひく。　　▶風邪をひく sich erkälten

_____

3) 私たちは急がなければならない。　　▶急ぐ sich beeilen

_____

150 CD2▶51 **III** 👀 音声を聞いて下線部に適当な語を補い会話文を完成させなさい。

A: Warum nimmst du ein Taxi?

B: Ich nehme ein Taxi, _____ ich _____ _____ _____.

A: Warum frühstückst du nicht?

B: Ich frühstücke nicht, _____ _____ _____ _____ _____.

A: Warum sparst du Geld?

B: Ich spare Geld, _____ _____ _____ _____ _____.

動詞の３基本形・過去人称変化

❶ 動詞の3基本形

動詞にはすでに学んだ不定詞のほかに過去基本形と過去分詞という形があり、あらゆる変化の基本となるので、３基本形と呼ばれる。

➡過去形も１人称単数と３人称単数以外は人称に応じて語尾変化するので、その基本となる形を過去基本形と呼ぶ。

動詞は３基本形の作り方によって、規則変化（弱変化動詞）と不規則変化（強変化動詞・混合変化動詞）に分けられる。

151 CD2▶52 **❶ 規則変化（弱変化動詞）**

不定詞	過去基本形	過去分詞
語幹 + en	語幹 + te	ge + 語幹 + t
lernen 学ぶ	lernte	gelernt
machen する	machte	gemacht

語幹が -d や -t などに終わるものは過去基本形 -ete、過去分詞 ge—et になる。

arbeiten 働く	arbeitete	gearbeitet

152 CD2▶53 ✎ *Ü1*

不定詞	過去基本形	過去分詞
lieben	＿＿＿＿＿＿	＿＿＿＿＿＿
＿＿＿＿＿＿	wartete	＿＿＿＿＿＿
＿＿＿＿＿＿	＿＿＿＿＿＿	gewohnt

153 CD2▶54 **❷ 不規則変化**
強変化動詞

不定詞	過去基本形	過去分詞
語幹 + en	語幹のみ （母音が変わる）	ge + 語幹 + en （母音が変わる）
gehen	ging	gegangen
sprechen	sprach	gesprochen

✏ Ü2

不定詞	過去基本形	過去分詞
kommen	＿＿＿＿＿＿＿	＿＿＿＿＿＿＿
＿＿＿＿＿＿＿	gab	＿＿＿＿＿＿＿
＿＿＿＿＿＿＿	＿＿＿＿＿＿＿	gefunden

混合変化動詞

不定詞	過去基本形	過去分詞
語幹 + en	語幹 + te （母音が変わる）	ge + 語幹 + t （母音が変わる）
wissen	wusste	gewusst
denken	dachte	gedacht

✏ Ü3

不定詞	過去基本形	過去分詞
bringen	＿＿＿＿＿＿＿	＿＿＿＿＿＿＿
＿＿＿＿＿＿＿	kannte	＿＿＿＿＿＿＿
＿＿＿＿＿＿＿	＿＿＿＿＿＿＿	genannt

sein, haben, werden の3基本形

不定詞	過去基本形	過去分詞
sein	war	gewesen
haben	hatte	gehabt
werden	wurde	geworden

❸ 過去分詞に ge- のつかない動詞

・アクセントのない前つづり（be-, emp-, ent-, er-, ge-, ver-, zer-）をもつ非分離動詞

不定詞	過去基本形	過去分詞
besuchen 訪問する	besuchte	besucht
verstehen 理解する	verstand	verstanden

・不定詞の語尾が -ieren に終わる動詞

不定詞	過去基本形	過去分詞
studieren 大学で学ぶ	studierte	studiert
reservieren 予約する	reservierte	reserviert

159 ✏️ Ü4
CD2▶60

不定詞	過去基本形	過去分詞
bekommen	_____	_____
_____	erlebte	_____
_____	_____	operiert

160 ❹ 分離動詞の3基本形
CD2▶61

過去基本形は前つづりを分離させて書く。過去分詞は前つづりを基礎動詞の過去分詞の前につける。

不定詞	過去基本形	過去分詞 （前つづり＋基礎動詞の過去分詞）
aufstehen 起きる	stand … auf	aufgestanden
ausgehen 外出する	ging … aus	ausgegangen

161 ✏️ Ü5
CD2▶62

不定詞	過去基本形	過去分詞
abreisen	_____	_____
_____	kam … an	_____
_____	_____	teilgenommen

162 ❷ 過去人称変化
CD2▶63

過去形は過去基本形に語尾をつけて作る。

ich と er（3人称単数）には語尾がつかない（過去基本形がそのまま使える）。

過去基本形	liebte < lieben	gab < geben	war < sein	
ich -	liebte	gab	war ←	
du -st	liebtest	gabst	warst	同形で
Sie -[e]n	liebten	gaben	waren	語尾が
er -	liebte	gab	war ←	つかない
wir -[e]n	liebten	gaben	waren	
ihr -t	liebtet	gabt	wart	
Sie -[e]n	liebten	gaben	waren	
sie -[e]n	liebten	gaben	waren	

✏ *Ü6*

	lernte < lernen	kam < kommen	hatte < haben	wurde < werden
ich	_____	_____	_____	_____
du	_____	_____	_____	_____
Sie	_____	_____	_____	_____
er	_____	_____	_____	_____
wir	_____	_____	_____	_____
ihr	_____	_____	_____	_____
Sie	_____	_____	_____	_____
sie	_____	_____	_____	_____

✏ *Ü7*

1) Sie _____ einen Deutschen.   lieben

彼女はあるドイツ人を愛した。

2) Die Kinder _____ in einem kleinen Dorf.   sein

子どもたちはある小さな村にいた。

3) Wir _____ damals ein großes Haus.   haben

私たちは当時大きな家を持っていた。

4) Sie _____ zu Fuß zu uns.   kommen

彼女は歩いて私たちの所にやってきた。

5) Ihr _____ immer fleißig Deutsch.   lernen

君たちはいつも熱心にドイツ語を学んだ。

6) Du _____ wieder gesund und munter.   werden

君はふたたび元気いっぱいになった。

165 CD2▶66 **I** 📖 次の文の下線部に与えられた動詞の過去形を適当な形にして書き入れなさい。

1) Es _____ einmal ein alter Mann und eine alte Frau.

   Sie _____ aber keine Kinder.　　　　　　sein / haben

2) Er _____ sie vor dem Kino und _____ mit ihr ins Café.

   treffen / gehen

3) Du _____ das Gedicht _____ und _____ es ins Japanische.

   abschreiben / übersetzen

4) Mozart _____ dem Alten die Geige aus der Hand und _____.

   nehmen / musizieren

5) Der Roman _____ ein Bestseller und _____ Goethe in ganz

   Europa bekannt.　　　　　　　　　　　werden / machen

166 CD2▶67 **II** ✒ 日本語に合うように下線部にドイツ語を書き入れなさい。

1) 赤ずきん（Rotkäppchen）は彼女の病気のおばあさんにお菓子とワインを持って行きました。

   _____

2) 白雪姫（Schneewittchen）は彼女の意地悪い継母（Stiefmutter）から７人の小人（Zwerge）
   たちのところへ逃げて行きました。

   _____

3) 鳥たちはシンデレラ（Aschenputtel）が仕事をするのを手伝いました。

   _____

167 CD2▶68 **III** 👂 音声を聞いて下線部に動詞の過去形を書き入れ、会話文を完成させなさい

A: Wo _____ du?

B: Ich _____ in einem Restaurant.

A: _____ das Essen gut?

B: Ja, aber ich _____ ziemlich lange warten. Das Essen _____ furchtbar

   viel und ich _____ nicht alles aufessen.

現在完了・非人称動詞

❶ 現在完了

❶ 現在完了形の作り方

完了の助動詞として haben だけでなく sein も用いる。過去分詞は文末に置かれ枠構造を作る。

haben / sein の現在人称変化	過去分詞 文末

枠構造

Ich **habe** ein Smartphone **gekauft**. 　　　　　　私はスマートフォンを買った。

Er **ist** mit ihr ins Kino **gegangen**. 　　　　　　彼は彼女と映画に行った。

Es tut mir leid, dass ich zu spät **gekommen bin**. 　遅刻してすみません。

➡️副文では助動詞は文末に置かれる。

Ü1

ich	habe		ich	bin	
du	_____		du	_____	
Sie	_____		Sie	_____	
er	_____	gelernt	er	_____	gegangen
wir	_____		wir	_____	
ihr	_____		ihr	_____	
Sie	_____		Sie	_____	
sie	_____		sie	_____	

❷ 完了の助動詞の使い分け

haben の場合（haben 支配）

すべての他動詞（4格の目的語をとる動詞）と大部分の自動詞（4格の目的語をとらない動詞）

sein の場合（sein 支配）

・場所の移動を表す自動詞　　gehen 行く　kommen 来る　fahren （乗り物で）行く　　など

・状態の変化を表す自動詞　　werden …になる　sterben 死ぬ　einschlafen 眠り込む　　など

・その他　　　　　　　　　　sein …である　bleiben とどまる　begegnen 出会う　　など

辞書　gehen 自 （完了 sein）または (s)

　　　　helfen 自 （完了 haben）または (h)

　　　　lernen 他 （完了 haben）または (h)　　➡️他動詞の場合は何も書いてないことが多い。

170
CD2▶71

Ü2　　　　下線部に haben または sein を適当な形に変化させて書き入れなさい。

1) Du _____ Englisch gelernt.

2) Mein Vater _____ nach Hause gekommen.

3) Die Kinder _____ zu Haus geblieben.

4) Sein Bruder _____ seinen Bekannten in Berlin besucht.

5) Der Zug _____ in Zürich angekommen.

171
CD2▶72

❸ 現在完了の用法

日常の過去の出来事の表現にはふつう現在完了を用いる。現在完了は英語と異なり、gestern のような過去を表す副詞と共に使える。

Die Kinder **haben** schon ihre Hausaufgaben **gemacht**.

子どもたちはもう宿題をやってしまった。

Sind Sie schon einmal in der Schweiz **gewesen**?

あなたは今までにスイスへ行ったことがありますか。

Gestern **habe** ich einen interessanten Film **gesehen**.
 過去を表す副詞

きのう私はおもしろい映画を見ました。

過去形がよく用いられるのは次のような場合である。

・sein、haben、話法の助動詞

Das Kind **war** krank und **hatte** hohes Fieber.

その子どもは病気で高熱があった。

Wir **mussten** den ganzen Tag arbeiten.

私たちは一日中働かねばならなかった。

・物語や小説などで過去の出来事を現在との関連なしに述べる場合

Die Vögel **halfen** Aschenputtel bei ihrer schmutzigen Arbeit.

鳥たちはシンデレラが汚い仕事をするのを手伝いました。

172
CD2▶73

Ü3　　　　現在完了の文にしなさい。

1) Sie _____ ein neues Kleid _____.　　　　kaufen

2) Das Kind _____ wieder gesund _____.　　　　werden

3) Ich _____ zwei Semester in Heidelberg _____.　　studieren

4) Wohin _____ ihr gestern _____?　　　　fahren

5) Ich weiß, dass er sie gestern _____ _____.　　besuchen

❹ 話法の助動詞の３基本形

英語と異なり、不定詞や過去分詞がある。過去分詞には２種類ある（ge– のついたものと不定詞と同形のもの）。

不定詞	過去基本形	過去分詞	
dürfen	durfte	gedurft / dürfen	
können	konnte	gekonnt / können	➡混合変化と類似の変化
mögen	mochte	gemocht / mögen	
müssen	musste	gemusst / müssen	
sollen	sollte	gesollt / sollen	➡弱変化
wollen	wollte	gewollt / wollen	

❺ 話法の助動詞の完了形

本動詞として用いられるときは ge- のついた過去分詞が使われる。

Ich **muss** nach Haus.

⇒ Ich **habe** nach Haus **gemusst.**　　➡本動詞 müssen の過去分詞

助動詞として動詞の不定詞と共に用いられるときは、不定詞と同形の過去分詞が使われる。

Ich **muss** nach Haus **gehen.**

⇒ Ich **habe** nach Haus gehen **müssen.**　　➡話法の助動詞 müssen の過去分詞

❻ 過去完了の作り方

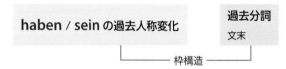

過去完了は過去のある時点における完了、またはそれ以前に起こったことがらを表す。

Als sie kamen, **hatte** die Vorlesung schon **begonnen.**

彼らが来たとき、講義はもう始まってしまっていた。

Damals **war** sein Vater schon **gestorben.**

当時彼の父はすでに亡くなっていた。

✎ Ü4

1) Als ich am Bahnhof ankam, _____ der Zug schon _____.

abfahren

2) Nachdem die Kinder ihre Hausaufgaben _____ _____,

spielten sie ein Videospiel.

machen

❷ 非人称

es を形式上の主語として、常に 3 人称単数の形で用いられる動詞がある。これを非人称動詞と呼び、また es は非人称の主語と呼ばれる。

177 CD2▶78

❶ 自然現象の表現

es は省略できない。

Es regnet.	雨が降る。
Es schneit.	雪が降る。
Es donnert.	雷が鳴る。

sein と werden も天候・日時などを表す文では、非人称的に扱われる。

Es ist kalt.	寒い。
Es wird kalt.	寒くなる。
Es ist 3 Uhr.	3時だ。

178 CD2▶79

❷ 心理・生理現象の表現

es は文頭以外では省略される。意味上の主語は 3 格または 4 格で示される。

Es friert mich. / Mich friert.	私は寒い。
Es graut mir vor der Prüfung. / Mir graut vor der Prüfung.	私は試験がこわい。

179 CD2▶80

❸ その他の非人称的表現と熟語

es は省略できない。

Es klingelt.	ベルが鳴っている。
In Japan **gibt es** viele Vulkane.	日本にはたくさんの火山がある。
Wie **geht es** Ihnen?	ご機嫌いかがですか。
Es kommt auf dich **an.**	君次第だ。

180 CD2▶81

 *Ü5*

1) _____ (ich) ist warm.

2) Wie geht es _____ (dein) Eltern?

3) Es gibt bei uns _____ (kein) Bären mehr.

4) Es handelt sich um _____ (dein) Zukunft.

181
CD2▶82

I （ ）には適当な完了の助動詞を、下線部には動詞の過去分詞を書き入れなさい。

1) （　　　　　） Sie schon einmal Sushi _____?　　　　　　　essen

2) Er （　　　） sie nach dem Alter _____, dann （　　　） sie _____.

fragen / erröten

3) Ich （　　　） es nicht _____, aber ich （　　　） es tun _____.

wollen / müssen

4) Ich weiß, dass er gestern mit ihr ins Kino _____ （　　　）.　　gehen

5) Als er kam, （　　　） sie schon _____.　　　　　　weggehen

182
CD2▶83

II 日本語に合うように下線部にドイツ語を書き入れなさい。

1) 私の言うことがよくわかりましたか。　　　　　　▶わかる verstehen

_____

2) 私たちはきのう町へ行き一晩中飲み食いしました。　　▶一晩中 die ganze Nacht

_____

3) 彼女が来たとき、彼はすでに部屋を去っていた。　　　▶去る verlassen

_____

183
CD2▶84

III 音声を聞いて下線部に適当な語を補い、会話文を完成させなさい。

A: Was _____ _____ _____ _____?

B: Ich _____ in _____ _____ und _____ _____.

_____ _____?

A: Ich _____ _____ _____ _____ _____ _____ und

_____ _____ _____.

einkaufen 買い物をする / E-Mails 複 メール

Lektion 11 関係代名詞

① 先行詞を持つ定関係代名詞

184 ① 定関係代名詞の格変化
CD2▶85

単数2格と複数2・3格以外は定冠詞と同じ格変化をする。

	男性	女性	中性	複数
1格	der	die	das	die
2格	**dessen**	**deren**	**dessen**	**deren**
3格	dem	der	dem	**denen**
4格	den	die	das	die

➡定冠詞の表と比べてみよう。

185 ② 関係文の構造
CD2▶86

Der Student, **der** dort Tennis **spielt**, heißt Michael.

先行詞　　関係代名詞　　定動詞　　あそこでテニスをしている学生は、ミヒャエルといいます。

spielt の主語にあたるので1格

単数・男性＝単数の男性　　関係文の文末

① 定関係代名詞の数と性は先行詞と一致する。
② 格は関係文における役割で決まる。
③ 関係文は副文（L.8）の一種なので、定動詞は後置される。
④ 主文と関係文の間はコンマで区切る。

186 ③ 定関係代名詞の用法
CD2▶87

1格　Der Mann, **der** gern Fußball **spielt**, heißt Michael.
　　サッカーをするのが好きなその男性は、ミヒャエルといいます。

2格　Der Student, **dessen** Vater ein berühmter Fußballspieler **ist**, heißt Michael.
　　父親が有名なサッカー選手であるその学生は、ミヒャエルといいます。

3格　Der Student, **dem** ich beim Umzug geholfen **habe**, heißt Michael.
　　私が引っ越しの手伝いをしたその学生は、ミヒャエルといいます。

4格　Der Student, **den** ich morgen besuche, **heißt** Michael.
　　私が明日訪ねるその学生は、ミヒャエルといいます。

前置詞は関係代名詞の前に置く。

前置詞と Der Student, **mit dem** wir Fußball gespielt **haben**, heißt Michael.

私たちが一緒にサッカーをしたその学生は、ミヒャエルといいます。

CD2▶88

✎ **Ü1** 適当な関係代名詞を補いなさい。

1) Der Student, _____ bei uns wohnt, kommt aus Deutschland.

2) Wo ist der Junge, _____ das Auto hier gehört?

3) Kennen Sie die Studentin, _____ ich liebe?

4) Die Mutter, _____ Sohn faul ist, ist unglücklich.

5) Das Studentenheim, in _____ ich wohne, ist sehr komfortabel.

❷ 先行詞を必要としない不定関係代名詞

188
CD2▶89

❶ 不定関係代名詞の格変化

格変化は疑問代名詞（→ L.2）と同じ。

	（およそ）～のような人	（およそ）～のようなもの
1格	wer	was
2格	wessen	―
3格	wem	―
4格	wen	was

189
CD2▶90

❷ 不定関係代名詞の用法

Wer Blumen und Tiere **liebt**, (**der**) hat ein warmes Herz.

花や動物を愛する人は、心があたたかい。

主文の文頭に指示代名詞（格変化は関係代名詞と同じ）を置くこともある。

Wen ich einmal gesehen **habe**, (**den**) vergesse ich nicht.

私は一度会った人は、忘れない。

wer-der または wen-den, was-das のときは、省略可能。

Wen man **liebt**, **dem** möchte man alles geben.

愛する人には，すべてを与えたいと思う。

Was teuer **ist**, (**das**) ist nicht immer gut.

高いものがいつも良いものであるとは限らない。

was は **alles**, **etwas**, **nichts** や中性名詞化された形容詞などを先行詞にとることがある。

Das ist **alles**, **was** ich von ihm gehört habe.

これが私が彼から聞いたすべてです。

Das ist **das Beste**, **was** du für sie tun kannst.

これが君が彼女のためにできる最善のことだ。

190
CD2▶91

Ü2 適当な不定関係代名詞を補いなさい。

1) _____ im Essen wählerisch ist, wird nicht gesund.

2) _____ wir lieben, dem möchten wir helfen.

3) Es gibt nichts, _____ wir essen können.

4) Sie glauben alles, _____ er ihnen sagt.

5) Das ist das Schönste, _____ ich je gesehen habe.

6) _____ sie sagt, ist falsch.

191
CD2▶92

❸ 関係副詞 WO

先行詞が場所や時を表すとき、関係副詞の WO を用いることもできる。

Ich besuche die Stadt, **wo** (= in der) er geboren ist. 場所

私は彼が生まれた町を訪れる。

An den Tag, **wo** (= an dem) ich sie zuerst sah, erinnere ich mich noch. 時

彼女に初めて会ったあの日のことを、私はまだ覚えている。

192
CD2▶93

Ü3 適当な関係副詞を補いなさい。

1) Morgen fahre ich nach Wien, _____ ich zwei Jahre studiert habe.

➡先行詞が地名の場合は必ず WO を用いる。

2) Im Juni, _____ die Rosen blühen, werde ich sie heiraten.

193
CD2▶94

I 📖 下線部に適当な関係代名詞を補いなさい。

1) Das Mädchen, _____ ich jetzt eine E-Mail schreibe,
   fliegt bald nach Deutschland.

2) Die Tasche, _____ ich mir gekauft habe, ist aus Italien.

3) _____ nicht arbeiten will, soll nicht essen.

4) Es gibt nichts, _____ sie kaufen will.

5) Die Eltern, _____ Kind faul ist, sind unglücklich.

6) Hast du etwas gefunden, _____ du zufrieden bist?

➡前置詞との融合形＝wo[r]＋前置詞

194
CD2▶95

II 🪶 日本語に合うように下線部にドイツ語を書き入れなさい。

1) あなたは、明日あなたを訪ねてくる男の人を知っていますか。　▶訪ねる besuchen

_____

2) 私が東京へ行こうと思っていた（wollen の過去）列車は、1時間遅れて到着した。

▶1時間遅れて到着する eine Stunde zu spät ankommen

_____

3) 彼女が愛しているその男の人は、パイロットです。　▶パイロット Pilot

_____

195
CD2▶96

III 👂 音声を聞いて下線部に適当な語を補い、会話文を完成させなさい。

A: Wir haben alles gesehen, _____ wir _____ _____.

B: Und was ist mit _____ _____ _____ _____, _____ Sie
   mir _____ _____?

A: Ich denke, wir gehen _____ _____ _____, _____ der
   Taxifahrer uns _____ _____.

besichtigen 見物する / versprechen 約束する / die Einladung zum Abendessen 夕食への招待 /
was ist mit 3格　～³はどうか / empfehlen 勧める

66

受動態

196
CD3 ▶ 01

❶ 能動文と受動文の関係

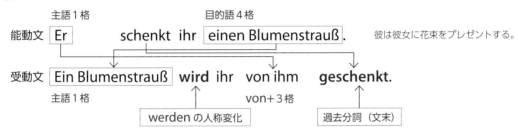

主語1格   目的語4格

能動文 | Er | schenkt ihr | einen Blumenstrauß | .   彼は彼女に花束をプレゼントする。

受動文 | Ein Blumenstrauß | **wird** ihr | von ihm | **geschenkt**.

主語1格   von+3格

werden の人称変化   過去分詞（文末）

Das Konzert wird durch den Rundfunk übertragen.

このコンサートはラジオで放送されます。

---

① 能動文の4格目的語を1格に変えて受動文の主語にする。

② 能動文の主語は **von** + 3格（または **durch** + 4格）にする。

③ 受動の助動詞には **werden** を用い、動詞は過去分詞に変えて文末に置く（＝枠構造）。

④ その他の文成分は、そのまま受動文に移す。

能動文の3格目的語（上の例では ihr）を英語のように受動文の主語にすることはできない。

197
CD3 ▶ 02

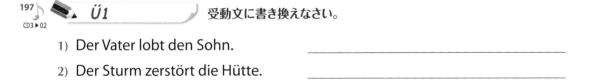 **Ü1**   受動文に書き換えなさい。

1) Der Vater lobt den Sohn.   _____

2) Der Sturm zerstört die Hütte.   _____

198
CD3 ▶ 03

❷ 受動文の主な時制

現在   Er liebt sie.   → Sie **wird** von ihm **geliebt**.

過去   Er liebte sie.   → Sie **wurde** von ihm **geliebt**.

過去形の場合、受動の助動詞には werden の過去人称変化を用いる。

未来   Er wird sie lieben.   → Sie **wird** von ihm **geliebt werden**.

現在完了   Er hat sie geliebt.   → Sie **ist** von ihm **geliebt worden**.

完了の助動詞には sein の現在人称変化を用い、受動の助動詞 werden の過去分詞は、geworden ではなく worden となる。

Ü2 時制に注意して受動文に書き換えなさい。

1) Der Vater lobte den Sohn.　　　_____

2) Der Vater wird den Sohn loben.　_____

3) Der Vater hat den Sohn gelobt.　_____

❸ 自動詞の受動

　4格の目的語を取らない自動詞の受動文では、文頭を他の成分で埋めるか、形式上の主語として es を用いる。

Er hilft ihr.　彼は彼女を手伝う。　　　Ihr **wird** von ihm **geholfen.**

Es wird ihr von ihm **geholfen.**

Ü3 受動文に書き換えなさい。

Wir warten auf ihn.

_____

_____

❹ 動作受動と状態受動

　これまでの受動態は動作受動と呼ばれるが、動作受動の結果「…されてある」という状態を表すものを状態受動と呼ぶ。助動詞には sein を用いる。能動文の主語が man のとき、受動文では省略される。

能動文	Man öffnet das Geschäft.	店を開ける。
動作受動文	Das Geschäft **wird geöffnet.**	店が開けられる。
状態受動文	Das Geschäft **ist geöffnet.**	店が開いている。

　　　　　　　　　| sein の人称変化 | ＋ | 他動詞の過去分詞（文末） |

Ü4

1) Die Tür ist geschlossen.

　訳：_____

2) Der Berggipfel war mit Schnee bedeckt.

　訳：_____

　➡媒体・手段を表すときは mit も用いられる。

204 CD3▶09 **Ⅰ** 📖 指示に従い、受動態を完成させなさい。

1) Der Brief _____ sofort _____ .　　　　schreiben 現在

2) Herr Schmidt _____ gestern _____ .　　operieren 過去

3) Das Kind _____ von der Mutter _____ _____ .　　loben 現在完了

4) Auf der Party _____ sehr viel _____ und _____ _____ .

　　　　　　　　　　　　　　　　　　　　　　essen / trinken 未来

5) Das Kaufhaus _____ jeden Tag von 10 bis 19 Uhr _____ . öffnen 状態受動

205 CD3▶10 **Ⅱ** 🖋 日本語に合うように下線部にドイツ語を書き入れなさい。

1) ドイツの国歌はハイドンによって作曲された。

▶国歌 Nationalhymne 女 / ハイドン Haydn / 作曲する komponieren

_____

2) 印刷術はグーテンベルクによって発明された。

▶印刷術 Buchdruckerkunst 女 / グーテンベルク Gutenberg / 発明する erfinden

_____

3) ノイシュヴァンシュタイン城はルートヴィヒ2世によって建てられた。

▶ノイシュヴァンシュタイン城 das Schloss Neuschwanstein / ルートヴィヒ2世 König Ludwig Ⅱ.

_____

206 CD3▶11 **Ⅲ** 👂 音声を聞いて下線部に適当な語を補い、会話文を完成させなさい。

A: Heute Morgen _____ mein Freund _____ _____ _____ .

B: Was? _____ _____ _____ _____ _____ ?

A: Ja, er _____ ins Krankenhaus _____ _____ und _____

　　sofort _____ _____ .

Lektion 13 接続法

❶ 接続法とは

接続法とは、願望や仮定といった、不確実であったり、非現実であるような事柄を表現する話法である（これまで学んできた動詞の形態は、ある事柄を事実として述べるもので、直説法と呼ばれる）。

接続法には事柄を実現可能なこととして述べる第1式と、非現実なこととして述べる第2式がある。

207 CD3▶12

❶ 接続法の形態：第1式では不定詞の語幹に、また第2式では過去基本形に共通の語尾をつける。

	第1式（sein のみ例外）				第2式（不規則変化動詞は a, o, u が必ず変音）		
不定詞	lernen	kommen	sein		lernen	kommen	sein
語幹	lern	komm	sei	過去基本形	lernte	kam	war
ich -e	lerne	komme	sei		lernte	käme	wäre
du -est	lernest	kommest	sei[e]st		lerntest	kämest	wärest
Sie -en	lernen	kommen	seien		lernten	kämen	wären
er -e	lerne	komme	sei		lernte	käme	wäre
wir -en	lernen	kommen	seien		lernten	kämen	wären
ihr -et	lernet	kommet	seiet		lerntet	kämet	wäret
Sie -en	lernen	kommen	seien		lernten	kämen	wären
sie -en	lernen	kommen	seien		lernten	kämen	wären

➡第2式では規則（弱変化）動詞は直説法過去とまったく同じ変化となるので人称語尾の -e は省略する。

208 CD3▶13

Ü1

lieben		schlafen	
第1式	第2式	第1式	第2式
ich _____	ich _____	ich _____	ich _____
du _____	du _____	du _____	du _____
Sie _____	Sie _____	Sie _____	Sie _____
er _____	er _____	er _____	er _____
wir _____	wir _____	wir _____	wir _____
ihr _____	ihr _____	ihr _____	ihr _____
Sie _____	Sie _____	Sie _____	Sie _____
sie _____	sie _____	sie _____	sie _____

haben   werden

ich _____   ich _____   ich _____   ich _____

du _____   du _____   du _____   du _____

Sie _____   Sie _____   Sie _____   Sie _____

er _____   er _____   er _____   er _____

wir _____   wir _____   wir _____   wir _____

ihr _____   ihr _____   ihr _____   ihr _____

Sie _____   Sie _____   Sie _____   Sie _____

sie _____   sie _____   sie _____   sie _____

209
CD3 ▶ 14
❷ 接続法の主な時制

直説法の過去・現在完了・過去完了の区別がなくなり、接続法では過去と呼ぶ。ただし完了の形で表す。

	第1式	第2式
現在	Er **habe** Zeit.	Er **hätte** Zeit.
過去	Er **habe** Zeit gehabt.	Er **hätte** Zeit gehabt.
	(Er **sei** ins Konzert gegangen.)	(Er **wäre** ins Konzert gegangen.)
未来	Er **werde** Zeit haben.	Er **würde** Zeit haben.

❷ 接続法の用法と形態の関係

接続法には次の3つの用法がある.

❶ 間接話法　　第1式（または第2式）を用いる
❷ 要求話法　　第1式を用いる
❸ 非現実話法　第2式を用いる

210
CD3 ▶ 15
❶ 間接話法

平叙文：主文と間接引用文の間に時制の一致はない。

彼は「私はドイツ語を学んでいる」と言った。

Er sagte: „Ich lerne Deutsch."　　→ Er sagte, er **lerne** Deutsch.

彼は「私はドイツ語を学んだ」と言った。

Er sagte: „Ich lernte Deutsch."
Er sagte: „Ich habe Deutsch gelernt."　　→ Er sagte, er **habe** Deutsch **gelernt**.
Er sagte: „Ich hatte Deutsch gelernt."

第1式が直説法と同形になってしまうときは、第2式を用いる。

彼らは「私たちはすぐに参ります」と言った。

Sie sagten: „Wir kommen gleich." → Sie sagten, sie **kämen** gleich.

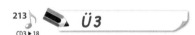

211 CD3▶16 *Ü2* 間接話法に書き換えなさい。

1) Sie sagte: „Ich komme gleich." _____

2) Er sagte ihr: „Ich liebe dich." _____

3) Sie sagte: „Ich hatte Fieber und ging zum Arzt."

_____

212 CD3▶17 ●疑問文

疑問詞のある疑問文では疑問詞を従属の接続詞として用いる。したがって定動詞は後置される。

彼は彼女に「あなたはどこに住んでいますか？」と尋ねた。

Er fragte sie: „Wo wohnen Sie?"

→ Er fragte sie, **wo** sie **wohne**.

疑問詞のないときは ob を従属の接続詞として用いる。

彼女は彼に「もう宿題は済ませたの？」と尋ねた。

Sie fragte ihn: „Hast du schon Hausaufgaben gemacht?"

→ Sie fragte ihn, **ob** er schon Hausaufgaben **gemacht habe**.

213 CD3▶18 *Ü3* 間接話法に書き換えなさい。

1) Sie fragte ihn: „Was studieren Sie?" → _____

2) Er fragte sie: „Hast du den Film gesehen?" → _____

214 CD3▶19 ●命令文

強い命令には sollen を用いる。

彼は彼女に「すぐ私のところに来い」と命じた。

Er befahl ihr: „Komm sofort zu mir!"

→ Er befahl ihr, sie **solle** sofort zu ihm kommen.

依頼・懇願には mögen を用いる。

彼女は私に「助けてください」と頼んだ。

Sie bat mich : „Bitte helfen Sie mir!"

→ Sie bat mich, ich **möge** ihr helfen.　　➡ bitte は間接命令文では省かれる。

215 ♪
CD3▶20

 *Ü4* 間接話法に書き換えなさい。

1) Sie bat ihn: „Warten Sie bitte einen Augenblick!"

_____

2) Er schrieb mir: „Komm sofort zurück!"

_____

216 ♪
CD3▶21

❷ 要求話法

１人称と３人称に対する実現可能な要求・命令・願望などを表す。第１式を用いる。

Warten Sie einen Augenblick!　　　　ちょっと待ってください。

➡ Sie に対する命令形は、もとは要求話法。

Man nehme täglich drei Tabletten.　　１日３錠服用のこと。

Es **lebe** die Freiheit!　　　　　　　自由万歳！

217 ♪
CD3▶22

❸ 非現実話法

●非現実の仮定とその結論

すべての基本になる重要な形式。時制にも注意が必要。

Wenn ich Zeit **hätte, ginge** ich ins Konzert.

もし時間があれば、コンサートに行くのに。（＝現在）

Wenn ich Zeit **gehabt hätte, wäre** ich ins Konzert **gegangen.**

もし時間があったら、コンサートに行ったのに。（＝過去）

●さまざまなヴァリエーション

① 結論部には「würde ＋不定詞（文末）」の形がよく用いられる。

Wenn ich Zeit **hätte, würde** ich ins Konzert **gehen.**

② wenn が省略されると、定動詞が文頭に来る。

Hätte ich Zeit, **würde** ich ins Konzert **gehen.**

③ 仮定部が独立的に用いられて、非現実の願望を表す。doch や nur などの副詞がそえられることがある。

Wenn ich **doch** mehr Zeit **hätte!**　　　もっと時間があればいいのに。

④ 仮定部が語（句）で代理されることがある。

Beinahe (Fast) **wäre** ich **ertrunken.**　　あやうくおぼれるところだった。

✎ Ü5

1) Wenn ich reich _____ , _____ ich mir ein neues Auto. sein / kaufen

2) Wenn ich noch mehr Geld gehabt _____ , _____ ich mir das Auto

   gekauft. haben / haben

3) Fast _____ ich im Examen durchgefallen. sein

● **als ob**「まるで…のように」

ob が省略されると定動詞が主語の前に来る。

Er tat, ┌ **als ob** er **schliefe**.　　　彼はまるで眠っているようなふりをした。

　　　　└ **als schliefe** er.

✎ Ü6

1) Sie tat, als ob sie nichts _____ . wissen

2) Er spricht gut Deutsch, als _____ er ein Deutscher. sein

●丁寧な表現（外交的接続法）

事実を非現実のように表現することで、丁寧な感じが出る。日常会話でよく用いられる重要な表現である。

Ich **hätte** gern ein Kilo Kartoffeln.　　　じゃがいもを１キロほしいのですが。

Könnten Sie mir bitte sagen, wie ich zum Bahnhof komme?

駅へはどう行ったらよいか、教えていただけませんか。

Was **möchten** Sie trinken?　　　何をお飲みになりますか。

✎ Ü7

1) _____ Sie mir bitte das Fenster aufmachen? werden

2) _____ ich Sie um ein Glas Wasser bitten? dürfen

223 ♪ **I** 📖　1) と 2) は間接話法に書き換え、3) ～ 5) は与えられた動詞を適当な形にして書き入
CD3▶28　　れなさい。

1) Sie hat mich gefragt: „Wo warst du?"

→ _____

2) Er sagte: „Ich war krank und hatte keinen Appetit."

→ _____

3) Wenn ich Flügel _____, _____ ich zu dir.　　　haben / fliegen

4) _____ wir früher aufgestanden, dann _____ wir den Zug nicht

verpasst.　　　sein / haben

5) Bei schönem Wetter _____ ich im Wald spazieren.　　gehen

224 ♪ **II** 🪶　日本語に合うように下線部にドイツ語を書き入れなさい。
CD3▶29

1) あなたにお願いがあるのですが。　　　　　　　　　　▶お願い Bitte 囡

_____

2) 君がいなければ、私たちは試合に負けていた。　　　▶試合に負ける das Spiel verlieren

_____

3) 郵便局へはどのように行けばよいか教えていただけませんか。　▶教える zeigen

_____

225 ♪ **III** 👁👁　音声を聞いて下線部に適当な語を補い、会話文を完成させなさい。
CD3▶30

A: _____, _____ Sie mir _____ _____ _____ _____?

B: Ja, _____. Ich _____ _____ _____, wenn Sie mir

_____ _____ _____.

A: Ja, _____.

mit dem Koffer helfen　スーツケースを運ぶのを手伝う / sich freuen　ありがたい＝うれしい

■ 主要不規則動詞変化一覧表 ■

不 定 詞	直 説 法		接 続 法 第 2 式	過 去 分 詞
	現 在	過 去		
beginnen はじめる		**begann**	begänne (begönne)	**begonnen**
bieten 提供する		**bot**	böte	**geboten**
binden 結ぶ		**band**	bände	**gebunden**
bitten たのむ		**bat**	bäte	**gebeten**
bleiben とどまる		**blieb**	bliebe	**geblieben**
brechen やぶる	*du* brichst *er* bricht	**brach**	bräche	**gebrochen**
bringen 運ぶ		**brachte**	brächte	**gebracht**
denken 考える		**dachte**	dächte	**gedacht**
dürfen …してもよい	*ich* darf *du* darfst *er* darf	**durfte**	dürfte	**dürfen** 〈gedurft〉
empfehlen 勧める	*du* empfiehlst *er* empfiehlt	**empfahl**	empföhle (empfähle)	**empfohlen**
entscheiden 決定する		**entschied**	entschiede	**entschieden**
essen たべる	*du* isst *er* isst	**aß**	äße	**gegessen**
fahren 乗り物で行く	*du* fährst *er* fährt	**fuhr**	führe	**gefahren**
fallen 落ちる	*du* fällst *er* fällt	**fiel**	fiele	**gefallen**
fangen 捕える	*du* fängst *er* fängt	**fing**	finge	**gefangen**
finden 見つける		**fand**	fände	**gefunden**
fliegen 飛ぶ		**flog**	flöge	**geflogen**
geben 与える	*du* gibst *er* gibt	**gab**	gäbe	**gegeben**
gehen 行く		**ging**	ginge	**gegangen**
gelingen うまくいく	*es* gelingt	**gelang**	gelänge	**gelungen**

不定詞	直説法		接続法 第 2 式	過去分詞
	現 在	過 去		
geschehen 起こる	*es* geschieht	**geschah**	geschähe	**geschehen**
gewinnen 勝つ		**gewann**	gewänne (gewönne)	**gewonnen**
greifen つかむ		**griff**	griffe	**gegriffen**
haben もっている	*du* hast *er* hat	**hatte**	hätte	**gehabt**
halten つかんでいる	*du* hältst *er* hält	**hielt**	hielte	**gehalten**
hängen 掛かっている		**hing**	hinge	**gehangen**
heben 持ち上げる		**hob**	höbe (hübe)	**gehoben**
heißen (…という) 名である	*du* heißt *er* heißt	**hieß**	hieße	**geheißen**
helfen 助ける	*du* hilfst *er* hilft	**half**	hülfe (hälfe)	**geholfen**
kennen 知る		**kannte**	kennte	**gekannt**
kommen 来る		**kam**	käme	**gekommen**
können …できる	*ich* kann *du* kannst *er* kann	**konnte**	könnte	**können** 〈**gekonnt**〉
laden 積む	*du* lädst *er* (ladest) lädt (ladet)	**lud**	lüde	**geladen**
lassen させる	*du* lässt *er* lässt	**ließ**	ließe	**gelassen** 〈**lassen**〉
laufen 走る	*du* läufst *er* läuft	**lief**	liefe	**gelaufen**
lesen 読む	*du* liest *er* liest	**las**	läse	**gelesen**
liegen 横たわっている		**lag**	läge	**gelegen**
lügen うそをつく		**log**	löge	**gelogen**
mögen …かもしれない	*ich* mag *du* magst *er* mag	**mochte**	möchte	**mögen** 〈**gemocht**〉
müssen …しなければならない	*ich* muss *du* musst *er* muss	**musste**	müsste	**müssen** 〈**gemusst**〉

不定詞	直説法 現在	直説法 過去	接続法 第 2 式	過去分詞
nehmen 取る	*du* nimmst *er* nimmt	**nahm**	nähme	**genommen**
nennen 名づける		**nannte**	nennte	**genannt**
raten 助言する	*du* rätst *er* rät	**riet**	riete	**geraten**
rufen 呼ぶ		**rief**	riefe	**gerufen**
scheinen 輝く		**schien**	schiene	**geschienen**
schlafen 眠る	*du* schläfst *er* schläft	**schlief**	schliefe	**geschlafen**
schlagen 打つ	*du* schlägst *er* schlägt	**schlug**	schlüge	**geschlagen**
schließen 閉じる	*du* schließt *er* schließt	**schloss**	schlösse	**geschlossen**
schneiden 切る		**schnitt**	schnitte	**geschnitten**
schreiben 書く		**schrieb**	schriebe	**geschrieben**
schreien 叫ぶ		**schrie**	schriee	**geschrien**
schweigen 黙っている		**schwieg**	schwiege	**geschwiegen**
schwimmen 泳ぐ		**schwamm**	schwömme (schwämme)	**geschwommen**
sehen 見る	*du* siehst *er* sieht	**sah**	sähe	**gesehen**
sein ある	*ich* bin *du* bist *er* ist *wir* sind *ihr* seid *sie* sind	**war**	wäre	**gewesen**
singen 歌う		**sang**	sänge	**gesungen**
sitzen すわっている	*du* sitzt *er* sitzt	**saß**	säße	**gesessen**
sollen …すべきである	*ich* soll *du* sollst *er* soll	**sollte**	sollte	**sollen** 〈**gesollt**〉
sprechen 話す	*du* sprichst *er* spricht	**sprach**	spräche	**gesprochen**

| 不 定 詞 | 直 説 法 | | 接 続 法 第 2 式 | 過 去 分 詞 |
	現 在	過 去		
springen 跳ぶ		**sprang**	spränge	**gesprungen**
stehen 立っている		**stand**	stünde (stände)	**gestanden**
stehlen 盗む	*du* stiehlst *er* stiehlt	**stahl**	stähle	**gestohlen**
steigen のぼる		**stieg**	stiege	**gestiegen**
sterben 死ぬ	*du* stirbst *er* stirbt	**starb**	stürbe	**gestorben**
streiten 争う		**stritt**	stritte	**gestritten**
tragen 運ぶ	*du* trägst *er* trägt	**trug**	trüge	**getragen**
treffen 会う	*du* triffst *er* trifft	**traf**	träfe	**getroffen**
treten 歩む	*du* trittst *er* tritt	**trat**	träte	**getreten**
trinken 飲む		**trank**	tränke	**getrunken**
tun する		**tat**	täte	**getan**
vergessen 忘れる	*du* vergisst *er* vergisst	**vergaß**	vergäße	**vergessen**
verlieren 失う		**verlor**	verlöre	**verloren**
wachsen 成長する	*du* wächst *er* wächst	**wuchs**	wüchse	**gewachsen**
waschen 洗う	*du* wäschst *er* wäscht	**wusch**	wüsche	**gewaschen**
werden なる	*du* wirst *er* wird	**wurde**	würde	**geworden** 〈**worden**〉
werfen 投げる	*du* wirfst *er* wirft	**warf**	würfe	**geworfen**
wissen 知っている	*ich* weiß *du* weißt *er* weiß	**wusste**	wüsste	**gewusst**
wollen …するつもりだ	*ich* will *du* willst *er* will	**wollte**	wollte	**wollen** 〈**gewollt**〉
ziehen 引く		**zog**	zöge	**gezogen**

しっかり身につくドイツ語

2021 年 2 月 20 日　第 1 版発行
2023 年 3 月 20 日　第 2 版発行

著　者　　橋本　政義（はしもと　まさよし）

発行者　　前田俊秀
発行所　　株式会社　三修社
　　　　　〒 150-0001 東京都渋谷区神宮前 2-2-22
　　　　　TEL　03-3405-4511
　　　　　FAX　03-3405-4522
　　　　　振替　00190-9-72758
　　　　　https://www.sanshusha.co.jp/
　　　　　編集担当　永尾真理
DTP　　　株式会社　欧友社
表紙デザイン　　銀月堂（福崎　匠）
イラスト　　ミヤザーナツ
印刷所　　壮光舎印刷株式会社

©2021 Masayoshi Hashimoto Printed in Japan ISBN978-4-384-12305-0 C1084